COCO CHANEL
une icône

香奈儿

[法] 凯瑟琳·德·蒙塔朗贝尔
（Catherine de Montalembert） 著

张忠妍 译

重庆大学出版社

1936 年 / 1953 年
一个时代的终结

1954 年 / 1971 年
还有话要说！

一切的开始

在嘉柏丽尔·香奈儿 12 岁时，她的母亲去世了。随后，父亲将她和她的两个姐妹送往奥巴辛孤儿院。不久后，嘉柏丽尔前往穆兰，在一家服装店担任裁缝，并在当地的咖啡馆献唱，在与挚爱阿瑟·卡佩尔（伯伊）相遇之前，她正是在这里遇到了生命中的第一位贵人，她的第一位"皮格马利翁"[1]——艾蒂安·巴尔桑。

嘉柏丽尔的时尚创作始于为她的演员朋友们设计帽子。1915 年，她在比亚里茨开设了自己的第一家时装店，大胆地选用当时被视为非传统的泽西针织面料制作休闲服，自 1917 年起，她更是以短发造型、开衫及裤装示人。以上种种，皆引领了时代的潮流……

1　皮格马利翁是希腊神话中的塞浦路斯国王，善雕刻。他不喜欢塞浦路斯的凡间女子，决定永不结婚。他根据自己心中理想的女性形象创作了一个象牙塑像，并爱上了他的作品。爱神阿佛洛狄忒被他打动，赐予雕像生命，并让他们结为夫妻。——译者注

索缪尔，嘉柏丽尔出生的地方。在有骑兵竞技表演的日子，优雅的女士走在以卓越著称的骑兵学校前。

童　年

　　1883 年 8 月 19 日，嘉柏丽尔在法国索缪尔的一家救济院出生。她的父亲阿尔伯特·香奈儿是一名贩卖缝纫用品的流动商贩，两年前，也就是 1881 年的一个市集日，阿尔伯特在布里夫拉盖亚尔德附近邂逅了让娜·德沃勒。在这次短暂的相遇之后，他们的第一个女儿朱莉娅 - 贝尔特·香奈儿出生了，不到一年，嘉柏丽尔紧接着出生了。

这对未结婚的情侣选择在索缪尔安家。阿尔伯特怀揣着成为酒商的梦想，辗转穿梭于各个集市之间；而让娜则留在镇上的小房间里，从事各种零工以维持生计，包括厨房女佣、客房女佣和熨衣工等。直到第二年的秋天，阿尔伯特才在库尔皮埃尔与让娜正式完婚，婚后，他们搬到了伊索尔，在工匠区中心的一个小房子里开始了新的生活。阿尔伯特依旧经常外出奔波，很少有时间回家，让娜从来不知道他何时会再次出现，久而久之便已厌倦等待，有时会选择回到娘家。不过，每当阿尔伯特归来时，总会给孩子们带回一些小礼物，因此对于嘉柏丽尔而言，那时父亲的每次归来都如同节日般令人欣喜。

嘉柏丽尔的父亲曾是个贩卖缝纫用品的流动商贩。图上是 19 世纪末在巴黎活动的一个流动商贩。

阿尔伯特的缺席时间越来越长且越来越频繁，这种情况持续了三年，其间这对夫妇已经有了五个孩子。这使得让娜极度绝望，再次回到娘家寻求庇护。1893 年的一天，让娜在娘家收到了阿尔伯特的来信，他说自己已经在布里夫拉盖亚尔德与兄弟一起经营一家旅馆。带着对新生活的期望，让娜将较小的孩子托付给父母，带着两个较大的女儿离开，前往布里夫拉盖亚尔德投奔丈夫。

然而，现实并不如阿尔伯特描述的那样美好——他实际上只是旅馆的一名雇员。让娜的生活变得异常艰难，尽管健康状况不佳，但她仍尽力帮助丈夫维持生计，这让她的哮喘病愈发严重，常常感到乏力，但为了节省开支，她从未接受适当的治疗。1895 年 2 月 16 日，在他们那简陋的房间里，疲惫不堪的让娜离开了人世，而当时，她的丈夫依然处于醉酒状态。

在乐蓬马歇

1883 年，也就是嘉柏丽尔出生的那一年，埃米尔·左拉出版了他的鲁贡 – 马卡尔系列小说中的第十一部——《女士们的快乐》[1]，其中描绘了一幅关于 19 世纪法国社会生活的不朽画卷。小说的主人公奥克塔夫·穆雷在巴黎为女性们创造了一个购物天堂，一座她们竞相前往的百货公司，那里陈列着琳琅满目的面料，仿佛一片织物的海洋。

当时，这样的百货公司被称作"新奇商店"，如美丽的女园丁、四分之三、大巴扎和工业巴扎等。阿里斯蒂德·布西科通过他在巴黎左岸创立的乐蓬马歇，确立了"百货公司"的运营原则：顾客可以免费进入、商品标有固定且公开的价格、库存定期轮换，以及雇用对销售充满热情的工作人员。这些创新迅速获得了成功，并很快被其他百货公司效仿，包括春天百货、莎玛丽丹、老佛爷百货和卢浮宫百货。埃米尔·左拉这部《女士们的快乐》的创作灵感正是源自乐蓬马歇的成功模式。

1　该书的法文原名为 *Au Bonheur des dames*，企鹅出版集团的英文译名为 The Ladies' Delight，书中"女士们的快乐"是主人公担任经理的百货公司的名称，是当时巴黎最精致的高级百货公司之一。——译者注

AU BON MARCHÉ, rue de Sèvres, PARIS

奥巴辛的远景，一座由 12 世纪熙笃会修道院改建而成的孤儿院，嘉柏丽尔和她的两个姐妹曾是这里的寄宿生。

1895 年 / 1900 年

黑色制服

　　成为鳏夫的阿尔伯特不知如何应对自己的孩子，也无力独自照顾他们；或许出于对夸夸其谈的女婿的无声报复，让娜的家人也不愿意接手这个责任，于是，阿尔伯特决定另寻出路安置孩子们。首先是两个男孩：10 岁的阿尔丰斯（嘉柏丽尔的长弟）和 6 岁的小吕西昂被送往附近的农场，成了所谓的"救济院儿童"；而在一个凌冽的冬日，嘉柏丽尔与她的两个姐妹——13 岁的朱莉娅 - 贝尔特和即将满 8 岁的安托瓦内特，

19 世纪末在法国穿制服、由国家收养的孤儿。

被送进了奥巴辛孤儿院。那时，站在大门后，看着那扇门缓缓关闭，嘉柏丽尔尽管内心翻江倒海，但还是在姐妹们面前挺直了背，听着她们父亲的脚步声在回廊上空的拱顶中回荡，最终归于寂静。

随后，她们跟随一位修女穿过冰冷的、如迷宫般的走廊和楼梯，来到了一间巨大的宿舍。里面的铁皮床上摆放着为她们准备的黑色制服套装——那是孤女们的标志。此时，孤儿院外细雨绵绵，鹅卵石路面变得湿滑，阿尔伯特倚靠在一匹老马拉的车上，在小巷中渐渐远去。他向女儿们承诺，很快就会回来

奥巴辛

在奥巴辛周围，朴素而粗犷的风景展现出一种独特的力量。这座由熙笃会修道院改建而成的孤儿院，在 19 世纪末成为当地最重要的孤儿收养机构，这里的极简主义建筑和严格的宗教教育深刻地塑造了嘉柏丽尔的性格，培养了她追求简单与朴素的品味。无论是她穿着的衣服，还是她后来设计的服饰，都完美体现了她的成长背景以及对极致的精致优雅的不懈追求。

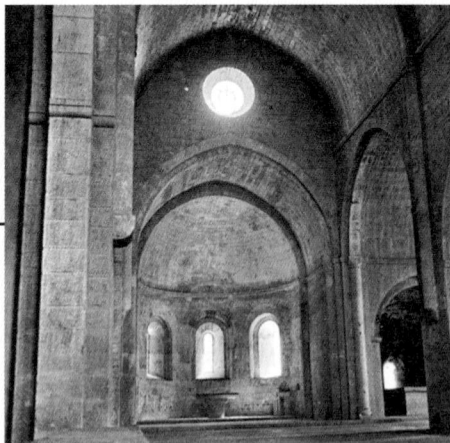

要了解嘉柏丽尔其人，必须到奥巴辛去。事实上，在脆弱的表面之下，嘉柏丽尔是绝对坚强的。

——克劳德·蓬皮杜（出自《内心的冲动，话语和回忆》，普隆出版社，1997 年）

接她们。

从此，三姐妹在奥巴辛孤儿院中度过了将近七年的时光，她们的父亲一直杳无音讯。

在奥巴辛，嘉柏丽尔迅速成长起来。严酷的环境迫使她无法向悲伤屈服，她有着比其他孩子更坚强的自尊心和主动性，给予两个更为脆弱的姐妹力量和支持。后来，她也将"孤儿院"这个词从自己的人生词典中划去，并尽可能地美化自己的童年经历，向每一个交谈对象构建自己美好的过去：那时候，她专注于学习，时而沉默寡言，时而质疑修女们的规矩，同时被周围庄严的美景所吸引。渐渐地，她在修道院简约风格的影响下找到了自己的风格方向——没有色彩与修饰，这正是熙笃会苦修生活的典型特征。她逐渐熟悉了修道院这一被遗弃的空间，它们在光线的穿透下显得尤为特别，带着少女的坚强信念，她在这些空间里坚定地成长着，有时梦游般地沉醉于符号之中，数着石子路上星星图案的五个角……更重要的是，她默默地继续等待着她的父亲——他和她一样生于 19 日，他是 11 月的那一天，她是夏季某月的那一天——尽管他再未出现过。

随着时间流逝，"美好年代"的纷繁复杂逐渐远离，嘉柏丽尔也长大成人。她有着一口健康的牙齿和一双深邃的黑眼睛，仿佛可以"刺穿"任何人的心灵，即使她并无此意。她梦想着有一天能开始属于自己的生活。每个周日，修道院的女孩们两两结伴出门远足，穿过村庄直到位于修道院上方的绿色丘陵高地。因此，在童年时，嘉柏丽尔便记住了奥弗涅那贫瘠土地的气息、树木安静的力量，以及科雷兹栗子林的味道……黄昏时分，在回修道院的路上，风声在村庄的狭窄街道上呼啸而过，揪住她的心。她不喜欢周日。

离开穆兰圣母院寄宿学校后，嘉柏丽尔和姑姑阿德里安娜在钟表街上一家热闹的服饰用品店找到了第一份工作。

1901 年 / 1903 年
当学徒的日子

　　1901 年 8 月 19 日，刚满 18 岁的嘉柏丽尔面临着一个重要选择：离开奥巴辛或宣读修女见习誓词。她并没有想成为修女的意愿，因此，修女们将她送往 250 公里外的穆兰。穆兰是一个拥有修道院、教堂和女子寄宿学校的县城，周围环绕着一片宁静而富裕的街区，阿利埃河对岸则是维拉尔地区驻军，那里驻扎着各个兵团。

嘉柏丽尔、朱莉娅 - 贝尔特和安托瓦内特进入了位于教堂不远处的庞大圣母院寄宿学校，她们被安置在由城市富裕家庭资助的"贫困"区——俗称"小学校"。在这里，嘉柏丽尔或许已经意识到，她的父亲永远不会来接她了。

一个小小的安慰是，三姐妹在寄宿学校遇到了年轻的姑姑阿德里安娜·香奈儿。作为她们父亲最年幼的妹妹，阿德里安娜仅比嘉柏丽尔大一岁，她在这里度过了 9 年时光，生活条件稍优于侄女们，住在为付费寄宿者准备的另一翼宿舍。在未来的日子里，侄女们和年轻的姑姑将逐渐相互了解。

随着阿德里安娜的出现，嘉柏丽尔的父系家族再次出现：首先是阿德里安娜的父母，即嘉柏丽尔三姐妹的祖父母——亨利 - 阿德里安·香奈儿和安吉丽娜·香奈儿。这对流动商贩夫妇一生奔波，随着年纪增长，逐渐减少了集市活动，冬季选择在穆兰市场大厅附近安顿下来，靠近大教堂和寄宿学校。阿德里安娜就是在这样的环境中长大的，并且得到了长姐路易丝（被称为朱莉娅姑姑）的照顾。朱莉娅姑姑定期在位于阿利埃河畔瓦雷纳的家中接待阿德里安娜，那里距离穆兰约 20 公里。

朱莉娅姑姑还邀请嘉柏丽尔、朱莉娅 - 贝尔特和安托瓦内特陪她去度假。三个年轻女孩因此得以一窥真正的家庭生活。朱莉娅姑姑性格风流，喜欢帽子和丝带，并有自己的装饰品味，尽管她很善良，但嘉柏丽尔依旧难以亲近这些父系亲属（阿德里安娜除外），因为多年来他们对她的兄弟姐妹四散分离视而不见。她的兄弟们一直在附近过着"救济院儿童"的生活，成为农场伙计，往来于马厩和田地之间。

刚满 20 岁的嘉柏丽尔一心梦想着发展自己的事业，她骄傲且富有激情，在学校和瓦雷纳的朱莉娅姑姑家暂住期间，她像其他年轻女孩一样发现了自己对缝纫的热情。在严格的修道院女子寄宿学校里，她和阿德里安娜一起学习如何将布料缝得整齐而结实。两人已经变得亲密无间，甚至被认为是姐妹，她们也不否认这一点。阿德里安娜美丽、羞涩，对生活充满信心。

在修女的帮助下，这两位年轻女子在钟表街一家生意兴隆的服饰用品店找到了工作，那家商店挂着"圣玛丽丝绸、花边及丝带店"的招牌。店主把她们安置在商店门面上方的阁楼里。由于她们出色的缝纫技术，嘉柏丽尔和阿德里安娜被分配到女

20 世纪末穆兰的钟表街，嘉柏丽尔和阿德里安娜在这条街上的一家服饰用品店工作。

士服装和少女服装部工作。穆兰的资产阶级家庭和该地区的城堡领主都来这里购置衣服，人们正在为赛马季做准备，焦急等待驻军骑兵军官比赛的来临。不过每周日，嘉柏丽尔和阿德里安娜还是会回到修道院并在唱诗班唱歌，继续与修女们保持联系。

唱歌的嘉柏丽尔

嘉柏丽尔和阿德里安娜对穆兰几乎一无所知，但只要有时间，她们就会沿着种有栗子树和椴树的小巷散步，在返回房间之前，偶尔会在城根一带遇到散步的军官或居民。这时，嘉柏丽尔刚刚搬到了流经镇上的阿利埃河畔，阿德里安娜也搬到了那里，她们目前住在维拉尔地区驻军军营的对面，那是当时一个时髦军团——第十猎骑兵团的宿营地，这个团由贵族骑兵组成，嘉柏丽尔时常瞥见他们的身影。

每天早上去服饰用品店或晚上回家时，嘉柏丽尔和阿德里安娜都要经过阿利埃广场，那里充满了各种娱乐活动。她们带着渴望与好奇，注视着甜品店和音乐咖啡馆，其中有一间位于广场中央、提供音乐表演的低级咖啡馆叫"圆顶咖啡馆"，从那里常常传出阵阵谈话声和滚动演奏的歌曲声。

嘉柏丽尔想带着阿德里安娜到圆顶咖啡馆试试运气。在这

巴黎的无条理音乐咖啡馆，
1888 年。

些流行的音乐咖啡馆里，没有签约的女歌手很难成为头牌，大多数人只能满足于跑龙套的角色，被称作"装样子的人"，任务是替签约歌手收钱，嘉柏丽尔和阿德里安娜就是这样的角色。然而，在一个特别的晚上，嘉柏丽尔大胆地走上了舞台。

她有两首保留曲目：一首是《咯咯哩咯》，这首歌的合唱部分反复出现公鸡的啼叫声；另一首是《谁在特罗卡德罗看见了可可》，这是一首著名的关于小狗的悲歌。

嘉柏丽尔的声音并不特别出彩，但她的美丽和因无畏而体现出的优雅使观众为之陶醉。很快，在圆顶咖啡

音乐咖啡馆

　　1864 年，音乐咖啡馆摆脱了剧院院长们的监督，转而被置于警察当局的控制之下。随着行政部门相关法令数量的成倍增加，这些场所得以广泛存在和发展，巴黎的娱乐场所因此成为欧洲娱乐业的典范，音乐咖啡馆迎来了它的黄金时代，并迅速在法国各地蓬勃兴起，为驻军城市、副省会和温泉城市注入了新的活力。然而，从 1896 年起，一个竞争对手逐渐凌驾于它之上，那就是电影院。

馆吊灯下的喧嚣中，年轻的军官们每天晚上都要求听到那首"可可"。

在众多崇拜者中，第九十步兵团服役的艾蒂安·巴尔桑尤为突出，他的掌声总是比其他人更加响亮。作为一位富家公子，巴尔桑利用父母的身份赊账消费。在嘉柏丽尔登台表演的几天前，他就在一个裁缝作坊遇见了她，当时，她和阿德里安娜正在为购物季加班工作。不久后的一个晚上，巴尔桑邀请她们去了大型咖啡馆。

随着名声渐起，嘉柏丽尔和阿德里安娜迅速成为镇上所有重要聚会不可或缺的一部分。为了维持生计，她们在自己的房间里接下了越来越多来自服饰用品店顾客的订单，这些顾客逐渐成了她们的忠实支持者。

嘉柏丽尔在维希居住了一个疗养季，并期望开始歌唱事业。

维希递水员

　　嘉柏丽尔感到在穆兰的发展受限，渴望在艺术家生涯中更进一步，她向巴尔桑坦言，自己希望在真正的观众面前唱歌。尽管巴尔桑对此心存怀疑——他固然看到了一个充满创造力、与众不同的年轻女性形象，但尚未明确她的潜力究竟何在。不过，他还是决定帮助嘉柏丽尔和阿德里安娜做好前往维希的准备，那里即将开始温泉季。

　　她们清点了积蓄，并在圣玛丽服饰用品店购置了一些必需品，更新了裙子、大衣和帽子，然后打包好了行李箱。

　　维希距离穆兰约 50 公里，自拿破仑三世在此取水后，这座温泉城声名鹊起。大酒店和赌场宾客盈门，赛马场和全天音乐会吸引了世界各地的资产阶级前来享受娱乐活动。公子哥和银行家们纷纷到来，通常由被称为"母鸡"[1]的女伴（这个称呼带有轻蔑性）陪同。社交生活如火如荼，晚上四个剧院都挤满了人。

这两个年轻的女子住在维希市的一个小房间里，偶尔会去泉水公园的拱廊下散步，在那里她们遇到了第十猎骑兵团的军官们，并与经常来此休假的巴尔桑重逢。

最初的兴奋劲过后，嘉柏丽尔开始积极寻找试演的机会，但进展并不如意。她们发现这里的消费比穆兰高得多，随着计划中的行程接近尾声，阿德里安娜没有那么多冒险精神，很快就离开了，而嘉柏丽尔则决定继续坚持。为了获得一份"光鲜"的工作，她在一家歌舞厅学习唱歌和跳舞，期间目睹了巴黎明星们的风采，并了解了当时风靡一时的轻歌剧。然而，与歌舞厅的合同迟迟没有签订，为了维生，她便为在路上遇到的穆兰前客户们修改衣服，并且找到了一份"递水员"[2]的工作。身穿白色制服的她，整个疗养季都在为前来维希进行温泉疗养的客

1　原文为"cocotte"，典故来自交际花做作的高昂笑声类似母鸡"咯咯"叫。——译者注

2　一种职业，现代意义上的"递水员"可能起源于英国巴斯，指在温泉疗养地为疗养者接温泉水并将水递给他们的工作人员。——译者注

人接水、递水。随着冬天的临近，嘉柏丽尔别无选择，最终只得返回穆兰。

阿德里安娜来到离穆兰几公里远的苏维尼，寄住在莫德·马祖埃尔家中。莫德不仅作陪还牵线搭桥，为驻军军官的女伴们组织茶会，并将阿德里安娜介绍给她的资产阶级朋友们。嘉柏丽尔回来后经常加入她们的行列，陪同她们参加各种社交活动，包括前往当地赛马场。她已经重新找回了她的客户，也比以往任何时候都更加努力地工作。

晚上，在大型咖啡馆里，巴尔桑和他的同伴们总是挤在嘉柏丽尔身边。不久之后，巴尔桑服完了兵役，并买下了位于贡比涅附近的罗雅留庄园。这座庄园曾是个修道院，坐落在树林和草地之间，他用当时所有的现代化舒适设施对它进行了翻新，还重建了马厩。巴尔桑对美女和马匹充满热情，渴望成为一名著名的饲养员，听到他的计划后，嘉柏丽尔嘴角一牵，打趣地问他是否需要一位年轻的马夫。

COMPIÈGNE. - ROYAILLIEU. - L'Entrée du Château

罗雅留庄园的入口和城堡，这是富有的继承人巴尔桑的财产，他把以前的修道院变成了一栋大而舒适的房子，并在那里接待了许多客人。

1906 年

城堡生活

　　嘉柏丽尔对穆兰已没有什么留恋，那里只有三个求婚者正孜孜不倦地追求她的姑姑阿德里安娜。嘉柏丽尔决定接受巴尔桑的"绑架"，在一个早晨，她带着行李箱出现在穆兰车站的月台上。

　　此时距嘉柏丽尔离开孤儿院已有几年时间，对于 23 岁的她来说，这段经历仿佛永恒般漫长。她要与在罗雅留庄园的巴尔桑会合，借此机会忘却孤儿时期的生活、穆兰的记忆以及她在维希的失败——那些人对她而言顶多只是情人，不存在真正的爱情。巴尔桑更喜欢交际花和年长的女人，但他最喜欢的还是他的自由和他的马匹，因此当他开着一辆敞篷车来到贡比涅车站接嘉柏丽尔时，两人之间的关系已经十分明确：嘉柏丽尔的任务是逗他开心。她是如此特别，这个活泼的黑发女孩拥有聪慧的头脑和对答如流的机智，性格火暴且毫不留情。此次会

巴尔桑在罗雅留骑马。

香奈儿 **COCO CHANEL**
une icône

合后，她将招待那些快乐的狂欢者，而巴尔桑则不必在罗雅留庄园之外正式展示她。因此，他为嘉柏丽尔提供了她从未体验过的生活：无所事事、慵懒的早晨、骑马、与赛马场上的马夫及社会名流密切交往——这正是她所渴望的，至于其他方面，则不在他的责任范围内。

罗雅留府邸与奥巴辛孤儿院一样古老，它精致、舒适且迷人。作为一位没有义务需要承担的富有继承人，巴尔桑将这座府邸变成了一个聚会和享乐的地方。嘉柏丽尔在这里开始接触奢华的生活，从她的窗户可以看到巨大公园的一部分，草地上马匹悠然吃草，喧嚣的马厩尽收眼底。草地后面是石墙，标志着曾经用于皇家狩猎的其他巨大庄园边界。走过草地，她会在幽暗的森林中漫步数小时，思索着除了这些森林，真正等待她的会是什么。她那田园风格的房间远离主要的社交区域，在那里她感到一种熟悉的孤独，就像她在孤儿院的时候一样。

巴尔桑经常宴请宾客，邀请该地区的贵族骑士、大资产阶级、运动员和饲养员们参与活动，他们总是带着情人一同出席。尽管嘉柏丽尔有时也会梦想得到那个永远不会得到的地位，即成为这座府邸的女主人，但更多时候她在自己的房间里梳妆打扮，准备晚上的出现。她明亮而带刺，晚上衣着简单地出现在宾客面前，既没有兴趣也没有意愿与女性来宾进行奢华装扮的竞争。面对质疑的目光，她毫不在意，避重就轻地与宾客交谈，吸过一口烟后，她的眼睛显得更加漆黑深邃。

　　每个白天，嘉柏丽尔都在户外度过，总是身着马裤和一件从巴尔桑那里借来的毛衣。她不像礼仪要求的那样侧坐在马上，她既没有丰臀也没有细腰，只有两个小乳房，但她坚信自己的身体适合穿着紧身胸衣展示。她的信条是：不要无用的服装和饰物，不随波逐流。尽管早已扔掉了孤儿院的制服，但嘉柏丽尔还是保留了对严谨与简单的偏好，她没有钱购买华丽服饰，只能为自己做简单的裙子。

　　嘉柏丽尔急躁的性情、与众不同的外表和某顶独特的小帽子没有逃过巴尔桑的一位前情人——艾米莉安·达朗松的眼睛。艾米莉安在巴黎戏剧界小有名气，在外省也很受欢迎，她毫不迟疑地让情人们为她一掷千金。嘉柏丽尔对巴黎还不太熟悉，巴尔桑虽在那里的马勒塞尔布大道上购置了一套单身公寓，但很少前往，像他这种身份的人常常这样做。嘉柏丽尔对巴黎的认识多是通过姑姑阿德里安娜，她们会一起去剧院并发现一些新人，比如当时冉冉升起的新星密斯丹盖。阿德里安娜时常与嘉柏丽尔一起去隆尚、万塞纳或香缇邑，然而，在赛马期间，由于不被允许靠近她们的情人，她们只能退到栅栏后面，待在"非常客"区域。

赛马场

1910年，在奥特伊的巴黎障碍赛马大奖赛上，两位穿着紧身胸衣、戴着帽子的优雅女士。

　　在隆尚、万塞纳或香缇邑的赛马场上，人们开始注意到嘉柏丽尔的白衣领、领结、小巧的划船帽，还披着从小团体中的男士那里借来的外套。她在罗雅留庄园附近一位曾为军队服务、现专门为该地区赛马场马夫和骑手制作衣服的裁缝那里，定制了窄小的裤子和夹克，并且去除了所有的装饰，这与"美好年代"浮夸的时尚风格形成了鲜明对比。嘉柏丽尔觉得自己与那些追求极致华丽的女性格格不入，当时的女性帽子上装饰着满满的蔬菜、鲜花和水果，身体被层层衬裙和臀垫束缚，紧身胸衣几乎令她们喘不过气来……

特鲁维尔的赛马双周大奖赛期间，正午时分的巴黎街。

1900 年左右，奥特伊赛马场的大看台。

香奈儿　COCO CHANEL
une icône

多维尔赛马骑师体重过磅处周围，堪称白色亚麻布、真丝薄纱、绢网和鸵鸟羽毛的节日。

多维尔赛马场的看台前，在这个夏季，优雅的女士都身着白色或淡灰色的服装。

事业起步

嘉柏丽尔在巴黎康朋街 21 号开设了第一间时装店。她向顾客们提供经过她相当程度精简过的各种帽子。

　　在罗雅留，嘉柏丽尔再也无法忍受无所事事的日子。她渴望谋生，不再依赖巴尔桑的慷慨与容忍。她感到自己的未来被限制在"母鸡"的角色中——这种生活方式让她深感厌恶。成为一名歌手的梦想已经逐渐消失，既然独特的帽子受到关注，那为什么不自己制作并销售帽子呢？她相信自己有能力将这些设计变成畅销商品。

　　当伯伊进入她的生活时，嘉柏丽尔已经考虑这些问题一段时间了。他们于 1908 年在比利牛斯山相遇，缘于巴尔桑参加的一次狩猎活动。阿瑟·卡佩尔，人称"伯伊"，是一个有文化的英国人，白手起家，在纽卡斯尔的煤炭贸易中积累了财富。他经常旅行，并且在巴黎有一处居所。不久之后，他便为了嘉柏丽尔回到罗雅留，两人可谓一见钟情。

香奈儿 COCO CHANEL
une icône

嘉柏丽尔善于抓住发展机遇，她能在它经过时抓住它，甚至在它不存在时冒险创造它。

—— 嘉柏丽尔·多尔兹亚

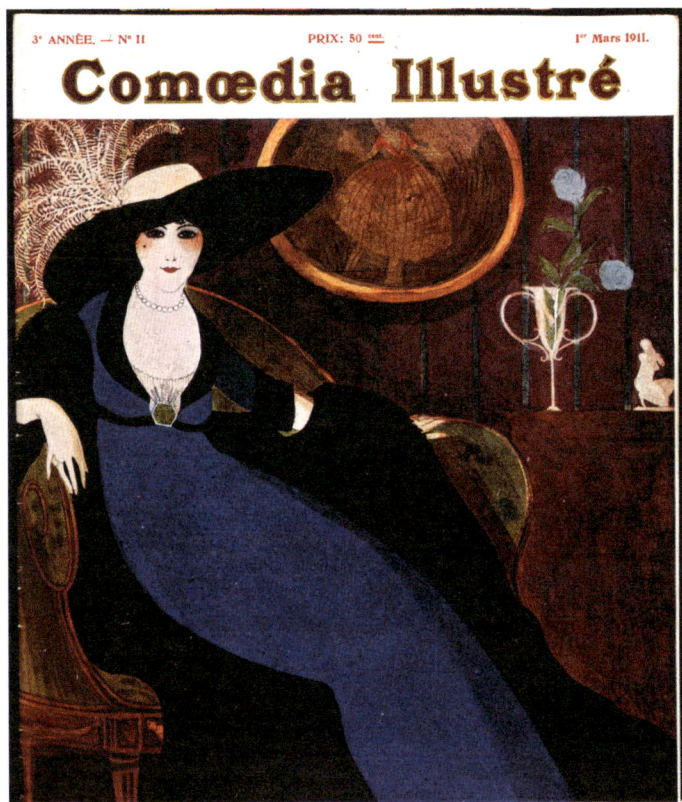

1911 年 3 月 1 日的《戏剧画报》封面，
由保罗·伊里伯绘制，嘉柏丽尔后来经常去找他。

伯伊在巴尔桑的准许下鼓励嘉柏丽尔创业。巴尔桑将他位于巴黎马勒塞尔布大道160号的底层单身公寓借给嘉柏丽尔，帮助她建立一个时装工坊。伯伊住在附近，经常以邻居的身份前来探望嘉柏丽尔，并和巴尔桑一样，向自己的女性朋友们推荐她的作品。利用从巴黎百货公司购买的、对时尚有很大影响的现有款式作为参考，嘉柏丽尔制作了与当时法国首都街头流行的帽子截然不同的款式。她简化设计，减少了丝带、羽毛或面纱等，彻底去掉了那些时髦但夸张的水果和蔬菜装饰。

口耳相传很快发挥了作用，艾米莉安·达朗松和其他许多人在城中、舞台上或赛马场上都戴着嘉柏丽尔制作的帽子。不过，此时的嘉柏丽尔在实践和技术上仍显不足，为了弥补这一短板，她与后来成为"疯狂年代"最伟大女装设计师之一的露西安娜·拉芭泰合作，两名工人和嘉柏丽尔的小妹妹安托瓦内特也加入了团队。安托瓦内特刚刚离开穆兰的寄宿学校，她在销售、送货以及协助制作姐姐设计的帽子方面表现出色。姑姑阿德里安娜也前来光顾，并带走一些新品到阿利埃展示，她现在和莫里斯·德·尼克松住在那里——两人在二十年后才结婚。

刊登在《戏剧画报》上的一件由嘉柏丽尔设计的皮草。在康朋街，嘉柏丽尔开始提供她自己设计的皮草和其他服装。

1910 年初，三人行已经显得有些拥挤，因此，在初期对嘉柏丽尔提供帮助之后，巴尔桑逐渐将重任完全交给了伯伊，他不再忽视伯伊与嘉柏丽尔之间日益正式的恋情以及他们共同生活的事实。伯伊与嘉柏丽尔住在加布里埃尔大道上的一间宽敞米白色的公寓里，那里环绕着珍稀书籍、东方家具和著名的科罗曼德屏风 [1]，那是嘉柏丽尔此后再也不愿放弃的一种排场。尽管生活重心发生了变化，伯伊和嘉柏丽尔仍会不时回到罗雅留，探望他们的好友巴尔桑，伯伊还在旺多姆广场后面的康朋街 21 号找到了一个店面，并支付了顶费，他在店门口挂上了一块金色招牌："香奈儿时装"。

1　指中国雕漆屏风。中国的雕漆屏风在 17 世纪 (明清时期) 被引入欧洲时，欧洲人把这种富丽堂皇的装饰性折收屏风称作"科罗曼德屏风"，因为当时他们对屏风的来源并不清楚，只知道科罗曼德海岸是这些屏风和其他家具被装载上船运往欧洲的地方。——译者注

美好年代

在巴黎，沃斯、杜塞、芭甘²和博瓦莱³（他曾师从沃斯和杜塞）等服装设计师引领了潮流。20世纪初以来，西方的穿衣方式没有什么大的变化，

2　即简·帕昆，法文原名为"Jeanne Paquin"，此处为法文音译。——译者注

3　即保罗·波烈，法文原名为"Paul Poiret"，此处为法文音译。——译者注

雅克·杜塞品牌大衣，1910 年。

但随着每个季度的到来，新的当季流行色和装饰品变得愈加复杂。织物不仅昂贵而且稀有，从天鹅绒、皮草到丝绸和鸵鸟羽毛，种类繁多。这是属于巴黎的"美好年代"，此时这座城市汇聚了无数刺绣、珍珠、羽毛、饰带和布花作坊及供应商，同时，百货公司开始出版首批商品一览表，女性杂志也纷纷呼应时尚潮流，支持巴黎的高级时装以及著名的里昂丝绸产业。

保罗 1912·伊里伯为芭甘绘制的时尚草图，约 1912 年。

嘉柏丽尔，这位将彻底改变20世纪时尚的女性，在一条以法国大革命期间雅各宾派财政部长名字命名的街道——康朋街上开设了她的第一家店铺。从这里开始，她将书写自己的传奇。

从此，嘉柏丽尔对巴黎时装店的选址始终未离开过康朋街。1918年秋天，她搬到了与最初的店面相隔十个门牌号的地方，即康朋街31号，以便在楼上开设她的时装工作室。

在当时国际化且优雅的女性世界里，有几个法国人正处于时尚影响力的顶峰，但人们依旧能在不同场合认出嘉柏丽尔的作品，并争相前来一睹这位设计师的风采。29岁的她显得漫不经心，但是敢于挑战当时流行的在浓密蓬松头发上戴过大帽子的风格。1912年，得益于女演员嘉柏丽尔·多尔兹亚的青睐，她取得了巨大的成功：多尔兹亚当时非常受欢迎，她在巴黎出演莫泊桑的作品。虽然舞台服装由著名服装设计师雅克·杜塞设计，但她获得了导演的许可，让嘉柏丽尔为她特别设计了帽子。

一个自由的女人

1913 年夏天，嘉柏丽尔陪同伯伊前往多维尔度假。当时，那里的赌场和诺曼底酒店刚刚落成，这个小型海滨度假胜地的社交生活极为丰富，是国际知名的骑马场所。画家库尔贝、布丹、博纳尔、埃勒等人都在这里找到了灵感，描绘出无可比拟

1913 年，嘉柏丽尔在多维尔的高铎 - 比隆街开了一家店。

39 – DEAUVILLE-LA-PLAGE-FLEURIE. Rue Gontaut-Bic
Vue sur le Normandy-Hôtel.   ND Phot.

香奈儿 COCO CHANEL
une icône

嘉柏丽尔和伯伊在诺曼底酒店小住。

的广阔天空。受到伯伊的启发，嘉柏丽尔在他们居住的诺曼底酒店旁边的高铎 - 比隆街开设了一家店铺，旨在招揽富有的顾客。阿德里安娜和安托瓦内特很快前来帮助她制作和销售配饰及帽子，这些商品迅速摆满了整个商店。不过，嘉柏丽尔并没有就此止步，而是借此机会推出她自己已经穿了好几年的服装：这些服装实用、简单且轻便，使穿戴者能够轻松地活动。

她和妹妹、姑姑一起充当模特，登上多维尔的各种舞台，每天换几次衣服，身着罩衫、粗毛线衫或水手服。这些服饰简单而实用，与当时流行的博瓦莱风格的彩色东方主义裙装形成了鲜明对比，因此，每当她们经过时，人们都会转身看上一眼，那些被束缚在繁复裙装中的优雅女士们很快前来拜访这位新风格的创作者。这一次，精品店的名字和标志正式成为"嘉柏丽尔·香奈儿"，她的设计迅速赢得了成功。当嘉柏丽尔在秋天回到巴黎时，正如伯伊所预测的那样，她的通信簿已经大大充实了。顾客们蜂拥至康朋街，使她应接不暇。

这一时期，嘉柏丽尔专注于自己的工作和对征服时尚界的渴望中，并未发现伯伊已将注意力转向了他在英国的生意，并似乎有了其他爱情生活。

第二年春天，即 1914 年，嘉柏丽尔复制了多维尔精品店的成功模式，依然得到了安托瓦内特和阿德里安娜的帮助。只要有机会，嘉柏丽尔就和其他几个大胆的姑娘一起去游泳，穿着她制作的镶有白边的海军蓝毛巾布小泳衣，在海滩上闲逛展示。正当嘉柏丽尔沉浸在工作中时，她收到了一个令人心碎的消息：她的姐姐朱莉娅 - 贝尔特因肺结核去世，留下了一个 10 岁的孩子——安德烈·帕拉斯。为了不让他进入孤儿院，伯伊安排他到自己曾就读的博蒙学院，从那时起，嘉柏丽尔就承担起了照顾侄子的责任，并在后来也照顾了侄子的两个女儿。

1914 年的夏天，欧洲的局势急剧恶化。6 月 28 日，弗朗

第一次世界大战期间的一家军工厂里，穿着长裤
连体工作服的妇女们正在制作炮弹。

茨·斐迪南大公在萨拉热窝被刺杀，这一事件如同导火索，使得战争的传言愈发喧嚣。7月31日，德国向法国和俄国发出最后通牒，紧张气氛达到了顶点。在巴黎，政治动荡也接踵而至：让·饶勒斯，一位重要的社会党领导人，在克瓦桑咖啡馆被一名无政府主义者暗杀。8月1日，法国进行战争动员，8月3日，德国正式向法国宣战。

16天后，即8月19日，嘉柏丽尔在这样的背景下迎来了31岁生日。尽管战火即将燃起，巴黎的时装界仍在准备秋季系列的服装款式，并计划按既定安排向国际客户展示，然而，多维尔这个原本是巴黎上流社会娱乐场所的地方，几乎一夜之间变得空荡荡，尽管局势混乱，嘉柏丽尔依旧决定留在多维尔。

几周后，她发现自己已经不知如何安置那些匆匆来到多维尔的巴黎顾客——这些人是为了逃避德国人的进军威胁而来的。此时，被动员起来的男人们已经前往军营，准备迎接即将到来的战斗，当时，人们尚未意识到这场战争将给国家和社会带来多么巨大的破坏，它不仅夺去了无数年轻的生命，还深刻地改变了欧洲乃至世界的面貌。

嘉柏丽尔为多维尔临时医院的志愿护士们设计并提供了更实用且优雅的白色制服，这些护士在那里照顾首批从前线遣返

战时的女性

  第一次世界大战深刻改变了女性的生活。随着战争的推进，女性逐渐开始填补男性离开后留下的空缺，参与各种形式的工作。在农村地区，她们承担起维持农场运转的日常任务，从事田间繁重的劳动；城镇中的妇女则逐渐成为家庭的支柱，在男人离家参战的情况下，她们负责做出所有重要决定。从 1916 年开始，女性的身影出现在各行各业中。她们管理企业、医院、军工厂、化学工业和运输部门，即使是在奢华服装业，战争的影响也不可忽视，那些继续运作的公司越来越多地依赖女性的经营和管理。女性还开始驾驶汽车——在巴黎，她们乘坐公共汽车或地铁，甚至投身于体育运动。

LA PLUS JOLIE MODE...
... Puisque les femmes de cœur de tous les pays l'ont adoptée.

的伤员。面对战争带来的挑战，嘉柏丽尔展现出了极高的要求和专制的态度，亲自培训了一些女工，并以极大的智慧为那些失去了女仆、不得不自己穿衣服的资产阶级女性提供简洁而得体的服饰。

随着战争的加剧，多维尔再次变得空荡荡。嘉柏丽尔回到了巴黎，尽管那里的人们试图忽视战争的存在，但战争的影响无处不在，法国东部战壕中的困境已经显现。这时，伯伊从前线回来了，这要感谢乔治·克莱蒙梭的帮助，作为老友，克莱蒙梭委托伯伊负责向英国和法国的军工厂供应煤炭，恰逢冰冷的冬天，煤炭在法国供不应求。此时的巴黎被蒙上了一层黑纱，娱乐活动显得不合时宜，然而，首都的大饭店如康朋街后面的丽兹酒店，仍然高朋满座，成为优雅女士们的聚会场所，她们在这里喝茶、开展社交活动。

嘉柏丽尔对伯伊的缺席感到难过，因为他正忙碌于新的职责，尽管如此，她的事业却获得了前所未有的成功：她不仅迎来了从多维尔回来的老顾客，还吸引了许多其他新顾客——这些女性正逐渐远离博瓦莱风格的繁复裙装和缀有羽饰的头巾式女帽，转而追求更加简洁实用的服饰。

巴黎—多维尔—比亚里茨

1915 年的圣让德吕兹海滩，伯伊带着嘉柏丽尔在这里休假。

    1914 年，那个可怕的秋天标志着欧洲历史的一个转折点，整个大陆陷入了翻天覆地的变化。与此同时，在大西洋彼岸，美国的人们也想为巴黎提供帮助。在 *Vogue*（美国版）主编埃德娜·伍尔曼·蔡斯的带领下，时尚界迅速动员起来，她在纽

比亚里茨，海滩和赌场。就在对面的加尔代尔街，嘉柏丽尔设立了她的工作室、一家精品店和一套公寓。

约组织了一系列慈善活动、派对和时装秀，旨在为巴黎的时装品牌筹集资金。一年后，即1915年，*Vogue* 的出版商康泰纳仕集团设立了专项基金，以援助那些因订单减少而失去工作或工资降低的女工。

就在这一年夏天，伯伊获得了几天宝贵的假期，带着嘉柏丽尔来到了法国西南部的比亚里茨享受巴斯克海岸的阳光。这个别致的海滨度假胜地远离战争的动荡，面朝大海，成为一片宁静的乐土。自从拿破仑三世和欧仁妮皇后将这里打造成时尚地标以来，西班牙贵族和法国的大资产阶级纷纷涌向此地，使其成为欧洲上流社会的热门目的地。在这里，漂亮的游客们可以在港口尽情放松，或者在宫殿酒店沉浸于一种来自阿根廷的新舞蹈——探戈，它正风靡一时。

伯伊从多维尔精品店的成功中吸取了宝贵的经验，鼓励并帮助嘉柏丽尔在比亚里茨开设一家精品店和一间真正的时装

香奈儿　COCO CHANEL
une icône

店。嘉柏丽尔计划将她简洁而实用的作品以高价卖给那些爱慕虚荣、无忧无虑且挥金如土的客人。尽管博瓦莱的装饰性礼服依然有市场，但其流行之势正在衰退；他对嘉柏丽尔的作品持讥讽态度，将其定性为"亿万富翁的贫穷"。然而，这种简洁风格恰恰迎合了新时代的需求。

嘉柏丽尔在比亚里茨市中心租下了一栋大房子——拉拉尔德别墅。这所别墅位于加尔代尔街，位置极佳，对面便是赌场。她在别墅内设立了工作室、精品店和私人公寓，她的女工们来自巴黎或纳瓦拉，后者位于法西边境的另一侧——西班牙巴斯克地区[1]，而其他人则是在当地雇用的。由于西班牙在战争中选择了中立，不会参与敌对行动，这一地理位置优势帮助嘉柏丽尔获得了布料和其他资源，特别是裁缝方面的支持。嘉柏丽尔的妹妹安托瓦内特也来到比亚里茨作为增援，她被委托管理别墅，确保一切顺利运行，一旦生意走上正轨，嘉柏丽尔便可以返回巴黎继续发展她的事业。

门店开业后，成功随即而至。西班牙宫廷、纳瓦拉和阿拉贡等地最耀眼的女性纷纷下单，更不用说在海边度假的国际上流社会人士。第二年秋天，即1915年，32岁的嘉柏丽尔推出了她的第一个系列。

1　巴斯克地区包括西班牙境内的巴斯克自治区、纳瓦拉以及法国境内的北巴斯克。——译者注

为泽西针织衫而疯狂

六个月后，嘉柏丽尔回到了巴黎的康朋街。她和伯伊重聚的同时，也在想办法让生意步入正轨。尽管订单源源不断——此时她在多维尔、比亚里茨和巴黎雇用了近 300 名女工——但战争导致布料供应日益紧张。在寻找替代面料的过程中，嘉柏丽尔想起罗蒂埃制造厂在 1914 年前不久开始生产一种新纺织品——泽西针织面料。这种面料原本用于制作运动服和男士内衣。她说服了工厂管理者欧仁·罗蒂埃，尽管他最初对此持怀疑态度，但她最终还是从他那里买到了一批无人问津的尾货——这些面料因为太柔软而难以加工。

在香奈儿时装店，嘉柏丽尔迅速推出了一系列既漂亮又具有颠覆性的产品。巴黎的女性们立即接受了嘉柏丽尔设计的朴素单色针织套装、斗篷和大衣。在那个艰苦的时代，这些服装不仅实用、朴素，而且非常容易穿着。她们穿上水手服或非开

泽西针织衫

  1916 年，嘉柏丽尔那惊人的简约设计，受到那些因环境改变而将自由掌握在自己手上的女性的青睐。从巴黎到比亚里茨或多维尔，这些女性痴迷于"简单"这个词，部分是出于团结，但更多是出于必要性。战时的社会现实迫使女性们适应新的生活方式，她们选择了这种高于脚踝的新裙长，甚至帽子也终于变得低调了。人们不再在白天频繁换衣服，而是开始适应物资稀缺的社会状况，转向更简朴的生活方式。为了给在田间和工厂工作的女性提供更多的舒适和便利，曾经针对女性穿长裤的禁令也被取消了。

嘉柏丽尔的第一批刺绣泽西针织衫是海军蓝、白色和米色的，有的还带有图案，在各大国际媒体上发表。这是 1917 年 3 月的《巴黎人》杂志插图。

襟的罩衫，只围一条围巾或系一条腰带。泽西针织衫不适合做褶裥，也不再强调胸部曲线或矫揉造作的风格。敞开衣领的白衬衫、更宽大且更短的裙子，搭配第一代双色鞋……这些设计简洁而不失优雅。由于这些产品的巨大成功，嘉柏丽尔再次向罗蒂埃下了订单，这一次，罗蒂埃被彻底说服，重新启动了他的织机。

那一年，嘉柏丽尔偿还了伯伊预支给她用于起步的所有资金，并将其视为自己的一份荣誉，她终于实现了经济上的独立。

尽管法国在战争初期遭受了挫折，但巴黎时装的威望依然不减。"香奈儿"这一位于法国首都的时装店继续引领国际客户的时尚潮流，尤其专注于提供易于穿着的日装。服装的颜色变得更加深沉，机器编织技术也逐渐普及，在美国，女性媒体第一次赞扬了嘉柏丽尔的才华，认为她能够敏锐地捕捉到时代精神，创造出没有多余装饰、完全与时代接轨的服装。顾客们纷纷追随嘉柏丽尔的脚步，同时，嘉柏丽尔为这些接近她理念

当时的针织衫只用来做内衣；我给了它被穿在外面的荣耀……

—— 嘉柏丽尔·香奈儿

的美国女性顾客设计了一些特别的款式，首先注重的是轮廓，而不是装饰，同时，她对细节保持着高度的关注，知道如何设计非常实用的口袋，开始使用较薄且不那么珍贵的皮草。作为 20 世纪 20 年代所有时尚的真正先驱，她那著名的将简单无腰线针织罩衫穿在裙子外面的设计让美国时尚杂志 *Harper's Bazaar* 兴奋不已，并给它起了一个名字：衬衫裙。

在埃特尔塔的海滩上，嘉柏丽尔穿着她著名的泽西针织水手服，这在当时掀起了一场时尚革命。

人就是这么活着的吗？

绰号为"老虎"的法国战争部长克莱蒙梭经常到前线鼓舞部队的士气。图为他站在法国瓦兹省的普莱蒙战壕里。

当时的法国还没有 *Vogue* 杂志，因为战争仍在继续，且代价高昂。在凡尔登，尽管已经占领了十个省的德军未能攻破此地，但战斗的惨烈后果令人不寒而栗：每天有 3000 人丧生。1917 年，美国决定参战，加入了协约国的行列，而在东方，俄国沙皇尼古拉二世在布尔什维克革命面前被迫退位，被革命者驱逐的贵族和白俄移民[1]纷纷来到巴黎、蔚蓝海岸或巴斯克海岸

1　指 20 世纪在俄国革命和苏俄国内革命战争爆发后迁居国外的俄罗斯人，他们通常对当时的苏维埃政权持反对态度，大多数在 1917—1920 年离开俄国。白俄移民通常自称"俄罗斯移民"。——译者注

避难，他们将曾经拥有的一切留在了故国。

在前线，战争陷入了僵局，逃兵和兵变的数量急剧增加。诗人路易·阿拉贡也被动员起来，并被派往前线担任护士，那时他年仅 20 岁。这场战争的恐怖激发了他的灵感，他写下了《未完成的小说》和最美丽的法语诗歌之一《人就是这么活着的吗？》。当时的法国战争部长，绰号为"老虎"的克莱蒙梭亲自来到前线鼓舞士气。

与此同时，在伦敦，伯伊继续履行他的使命，并出版了一部在外交界引起广泛关注的作品，书中提出了战后欧洲可能的建设蓝图。他孜孜不倦地拜访英国的贵族，希望能获得他们的接受和认可，随着他在社交圈中的影响力逐渐扩大，他的女性爱慕者也增加了，这使得他开始逐渐疏远嘉柏丽尔。

尽管伯伊不在身边，嘉柏丽尔依然全神贯注于她的工作。她毫不妥协、不知疲倦，从不让任何个人的负面情绪暴露出来。她的事业蒸蒸日上，创作也获得了广泛的认可。

1917 年 5 月的一天，嘉柏丽尔剪短了头发，将脖子裸露在外。在此之前，她的头发一直挽成一个低低的发髻，固定在脖子后面。不过，她并不是第一个剪短头发的女性，早在 15 年前，即 1902 年，在"美好年代"的巴黎，歌手波莱尔和被

1914 年 9 月，在巴黎伏尔泰大道上，德国空军的轰炸和大贝尔塔炮的炮火到达了法国首都的中心。

誉为"魔女"的科莱特[2]（当时她正在尝试演哑剧）就已经剪短了头发，并以此作为解放的标志，但那时这种做法并未被广泛模仿。1908 年，服装设计师博瓦莱将他的模特们的头发剪短了，到了 1917 年，人们从这一举动中看到了自战争开始以来女性获得的来之不易的新自由。在这一背景下，女性们纷纷效仿嘉柏丽尔，剪短了头发。

各种晚宴接连不断，嘉柏丽尔忙于四处赴宴。在一个晚上，她坐在加泰罗尼亚画家何塞·玛丽亚·塞尔特和他未来的

2　指西多妮·加布里埃尔·科莱特 (1873—1954 年)，法国国宝级女作家，代表作品有《克罗蒂娜在学校》《亲爱的》等。——译者注

妻子米西娅·戈德布斯卡旁边。这对伴侣，尤其是米西娅，与嘉柏丽尔建立了热情洋溢的友谊，尽管她们的相处常常风波不断。这次会面是决定性的，因为在塞尔特的介绍下，嘉柏丽尔开始频繁接触作家、画家和音乐家，走进了这个她在此之前只能仰望的艺术世界。

早在几年前，嘉柏丽尔曾向美丽的凯丽雅西斯学习性格舞[3]。凯丽雅西斯是埃里克·萨蒂的朋友，她的工作室离船屋仅一步之遥，巴勃罗·毕加索和一些先锋派诗人正在那里忍受着贫困和冬天的寒冷。1918年3月，伯伊在伦敦与戴安娜·李斯特订婚，这一举动证实了嘉柏丽尔长期以来所担心的事情：尽管她已经非常富有且独立，但她深知自己无法拥有伴侣在乎的社会地位。二人的婚礼计划在10月举行，戴安娜是一位年轻的英国贵族，与许多人一样，在战争期间丧偶。伯伊在这位年轻女子的母亲——萨瑟兰公爵夫人的家中遇见了她，那时，萨瑟兰公爵夫人在英国武装地区组织了一项救护车服务。

嘉柏丽尔表现得麻痹且面无表情，但在伯伊一言不发地离开后，她心中的悲痛终于爆发出来。她离开了他们在马勒塞尔

3　古典芭蕾中的一种舞蹈体裁，是舞剧编导在民族民间舞蹈素材的基础上，取其基本特征，结合芭蕾的需要加以发展、创造出来的具有民族特性、人物性格或职业特征的舞台舞蹈形式。"性格舞"最初出现于17世纪欧洲宫廷宴席歌舞中的"出场"环节，它包含西班牙的西班牙舞、弗拉门戈舞、卡楚恰舞，匈牙利的查尔达什舞，波兰的玛祖卡舞，俄国的俄罗斯舞、鞑靼舞，意大利的那不勒斯舞等。——译者注

布大道上的家，在朋友米西娅的帮助下，搬进了靠近阿尔马桥的一套位于一层且带家具的公寓。这一年，她 35 岁。

在这个风雨交加的春天，战争带来的痛苦似乎永无尽头。更糟糕的是，德国的新攻势让战局再次紧张起来。巴黎的人们时刻担心来自大贝尔塔炮的攻击，这种毁灭性大炮从 100 公里外的前线汹涌而来，瞄准建筑物或结构的顶部进行打击。复活节庆祝活动那天，圣杰尔维教堂的拱顶在信徒做礼拜时突然坍塌。晚上大约 11 点，德军的大型双引擎飞机低空飞过巴黎，随意炮击街区。警报声在巴黎响起，人们纷纷寻找避难所。

在康朋街，嘉柏丽尔听到警报后下到地窖避难。当时她穿着白色和酒红色的丝绸睡衣，这正是她的顾客曾向她订购过的相同款式。早在那时，嘉柏丽尔就发现了长裤的魅力和优势，并在随后的几年里经常私下穿长裤：在她舒适豪华的住所里，搭配一件简单的套头衫；或者在法国南部的乡下，穿得飘逸轻盈；又或者在威尼斯的丽都海滩上，一身白装，搭配衬衫和渔夫鞋。裤子原本是男性的服饰，但在嘉柏丽尔的演绎下，揭示

1923 年，嘉柏丽尔 40 岁。她为让·科克托导演的《安提戈涅》的演员设计了羊毛戏服。

了一种新的优雅，兼具朴素之美和实用性，虽然在很长一段时间里，长裤对于女性来说是怪诞的或仅仅是功利性的。

战争继续肆虐，巴黎人陷入深深的恐惧之中，约有 50 万居民逃离了城市。嘉柏丽尔紧随富裕资产阶级的脚步，退居到多维尔或比亚里茨。尽管她内心并不情愿，但时装季已经开始，她依然也赚了不少钱。此前一年，她甚至买下了拉拉尔德别墅——她在比亚里茨的时装店总部。人们时常可以看到她在海滩上活动，她的脸庞已被晒黑，而她身边的阿德里安娜则躲在自己的阳伞下。为了忘却伯伊的离去，嘉柏丽尔不知疲倦地工作。战前，她在多维尔结识了剧作家亨利·伯恩斯坦和他的妻子，应他们的邀请，她前往伊泽尔省的依泉小镇进行疗养。

随着增援前线的美国人和数百辆雷诺坦克的到来，军事形势在 1918 年 8 月出现了有利的扭转，1918 年 9 月，法国终于获得了解放。在洛林，盟军正准备向德国发起进攻。11 月 11 日，德国投降并签署了停战协议。就在这一时期，诗人纪尧姆·阿波利奈尔不幸去世，享年 38 岁。毕加索、马克斯·雅各布、安德烈·萨尔蒙、科克托、服装设计师杜塞、保罗·莱奥托、布莱斯·桑德拉尔、费尔南·莱热和安德烈·德兰等人与穿过巴黎的车队一道，陪同阿波利奈尔的遗体前往拉雪兹公墓。

此时的欧洲毫无生机，但很快巴黎又重新开启了一场流动的盛宴！为了抹去这四年可怕又致命的岁月，"疯狂年代"在人们的欣喜中开始了。人们随心所欲地结婚，到处跳着狐步舞。然而，嘉柏丽尔并没有投入到这普遍的热烈氛围中。

荣耀与痛苦

　　在"疯狂年代"，嘉柏丽尔迎来了她的黄金时代。彼时的她，自由不羁、家财万贯且声名远扬。其情人之中不乏显赫贵族，如迪米特里大公与威斯敏斯特公爵；亦有才华横溢之士，像是诗人皮埃尔·勒韦迪和布景设计师保罗·伊里伯。1921 年，由她推出的 5 号香水——首款以服装设计师之名命名的香水——便已取得了巨大的成功，并持续流行至今。嘉柏丽尔赋予了小黑裙独特的庄重感，大胆地将真真假假的珠宝混搭，背上了她的第一款单肩包，身着雨衣或饰有金色纽扣的套装……她与画家和导演们交往密切，参与设计戏剧及芭蕾舞剧的演出服装。

痛 苦

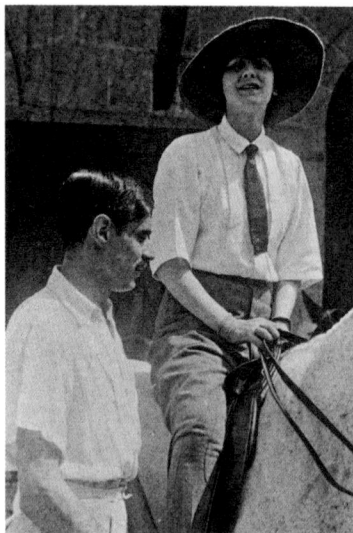

嘉柏丽尔的一生挚爱——伯伊。

　　第一次世界大战使嘉柏丽尔变得富有且独立，而 20 世纪
20 年代则为她带来了更多的机遇。伯伊婚后尽可能经常来看望
她，但她仍然孑然一身。1919 年春天，伯伊和妻子迎来了他
们的第一个孩子——一名女婴。

　　1918 年秋天，为了扩大工作室，嘉柏丽尔离开了康朋街
21 号，搬到了十个门牌号以外的地方。她将新居选在了吕埃伊
的拉米拉奈斯，这是一所位于公园中心的大别墅，靠近马拉梅
松和圣库库法池塘，十分隐蔽，有她的两条狗作伴。为了方便

前往小巴黎¹和康朋街，她新近购买了一辆黑色内饰的海军蓝劳斯莱斯汽车，并很快成为时尚潮流。嘉柏丽尔的司机兼技师拉乌尔负责开车接送她，每当她抵达康朋街时，一个小学徒会在俯瞰入口的窗户后面宣布她的到来。这一年，嘉柏丽尔已经36岁，自称"小姐"。

安托瓦内特结婚了，嘉柏丽尔的这个小妹妹嫁给了在战争期间加入英国空军的加拿大年轻飞行员，嘉柏丽尔为她精心准备了妆奁和婚服。婚礼于1919年11月11日（第一次世界大战停战纪念日）在巴黎举行，这一天是重逢的日子：伯伊出席了婚礼，还有莫里斯·德·尼克松（阿德里安娜姑姑的情人），他们担任了安托瓦内特的证婚人，巴尔桑、嘉柏丽尔·多尔兹亚等罗雅留的老朋友们也都到场见证这一时刻。婚后，这对新婚夫妇踏上了前往安大略省的旅程，那里是新郎的故乡。

嘉柏丽尔和伯伊之间的亲密关系从未停止过：在拉米拉奈斯，他们常常相聚，忘却外界的一切。然而，圣诞节快到了，伯伊开着车飞奔去与在戛纳度假的妻子及女儿会合，他的妻子再次怀孕了。

1919年12月22日夜，罗雅留团体²的骑士之一莱昂·德·拉博尔德敲响了嘉柏丽尔的门，将她从睡梦中叫醒。

---

1 此处小巴黎指巴黎省（75省），吕埃伊位于大巴黎的上塞纳省（92省），自1928年起改称"吕埃伊—马拉麦松"。——译者注

2 指之前在罗雅留庄园一起玩乐的那群人——译者注

1920 年的嘉柏丽尔，此时伯伊去世已经一年了。

香奈儿 COCO CHANEL
une icône

他脸色苍白，含糊不清地说出"伯伊""弗雷瑞斯""汽车""一场车祸"等字眼……伯伊在车祸中当场死亡。嘉柏丽尔无法释怀，并从此开始长期失眠。

来自加拿大的消息也不乐观。安托瓦内特的丈夫去学习法律了，留下她独自一人。这段婚姻很快出现了裂痕。气恼的安托瓦内特抛下一切，跟随一位探戈舞者去了阿根廷，然而这位舞者很快抛弃了她。1920 年初，她在布宜诺斯艾利斯去世，当时西班牙流感疫情肆虐，夺去了无数人的生命。

面对这一连串的打击，嘉柏丽尔离开了吕埃伊的别墅，在加尔什的高处定居，那里离伯恩斯坦夫妇不远。她那能俯瞰花园的大房子名为"贝尔莱斯比罗"，令邻居们不满的是，她一来就把房子的百叶窗涂成了黑色，并迅速把自己锁在了里面。

直到次年夏天，嘉柏丽尔才再次接受米西娅的邀请。米西娅是巴黎上流社会的缪斯女神，曾为维亚尔、图卢兹 - 罗特列克、奥古斯特·雷诺阿和波纳尔当过模特。像萨尔瓦多·达利后来访问巴黎时一样，米西娅与她的伴侣常年居住在巴黎里沃利街茉黎斯酒店的一个可以俯瞰杜乐丽花园的套房里。

米西娅还是一位杰出的钢琴家，师从加布里埃尔·福雷。她同样擅长解读拉威尔和伊戈尔·斯特拉文斯基的乐谱。当时有传言，斯特拉文斯基这位俄国作曲家即将返回瑞士，他在1914 年逃离俄国后曾与家人住在那里。他的下一部作品是受谢尔盖·迪亚吉列夫委托，为《普尔钦奈拉》作曲。这部作品由迪亚吉列夫为俄国芭蕾创设并制作，毕加索同意为其设计布景。

米西娅长期支持迪亚吉列夫，后者还想在新演出季开始时恢复《游行》和《春之祭》的表演。尽管1913年这两部作品在香榭丽舍剧院的首次演出引发了巨大丑闻，但它们依然吸引了众多知名人士到场观看，如奥古斯特·雷诺阿、马塞尔·普鲁斯特和奥古斯特·罗丹等人。尼金斯基根据斯特拉文斯基那令人困惑的乐曲编排了一场狂乱的舞蹈，首演在一片嘘声和口哨声中结束。诋毁《春之祭》这部作品的人并不都是保守的资产阶级，著名演员莎拉·伯恩哈特也没太看懂这个表演，她向所有愿意听的人宣布："这是跳蚤！会跳的跳蚤！"少数该表演的爱好者是年轻的艺术家或作家。在米西娅家，嘉柏丽尔坐在大沙龙的一个角落里，静静地看着艺术界人士来来往往，她听着、学着，逐渐从隐居生活中走了出来。

与此同时，在蒙帕纳斯，"六人团"[3] 在名为"屋顶上的牛"的咖啡馆进行晚间表演。科克托、雷蒙·拉迪盖以及众多诗人、画家和音乐家们紧挨在一起，分享着彼此的灵感与激情。

3　六人团指20世纪前期的六位法国作曲家，分别是路易·迪雷、阿蒂尔·奥涅格（瑞士人）、达律斯·米约、热尔梅娜·塔耶芙尔、弗朗西斯·普朗克、乔治·奥里克。他们都以埃里克·萨蒂为师，反对印象派和瓦格纳派音乐。在风格上，他们大多倾向于新古典主义，创作旋律优雅、结构明晰的音乐。——译者注

蒙帕纳斯

巴黎是一个独特的国际化艺术家大熔炉，作为法语文化的中心，地中海文化（以毕加索、米罗、胡安·格里斯、德·基里科和莫迪利亚尼等为代表）与东方文化（以苏丁、夏加尔等为代表）在蒙马特和蒙帕纳斯的咖啡馆里相遇并交融。"黑人文化"浪潮也在这一时期风靡巴黎，吸引了上流社会的关注，每个人都迷恋舞会，从艺术家协会、学生组织到上层资产阶级，如博蒙伯爵或诺阿伊家族，纷纷举办自己的舞会。

20世纪30年代的嘉柏丽尔和舞蹈家塞尔吉·利法尔。嘉柏丽尔所有的简约和现代风格都凝聚在她的服装上：黑色毛衣上的珍珠、宽大的白色长裤和双色渔夫鞋。

蒙帕纳斯的人们组成了一种外国军团，除了远离自己的国家、自己的生活环境之外，他们在良心上没感到任何罪恶……巴黎把这个角落留给了我们……在这个没有阶级的环境中，它是巴黎的，就像巴黎圣母院和埃菲尔铁塔一样。当一团天才的焰火从这小小的人群中升起时，它的光辉照亮的仍然是巴黎的天空。

——艾尔莎·特里奥莱（出自《外国人的聚会》，伽利玛出版社，1956年）

香奈儿 COCO CHANEL
une icône

1929 年，在威尼斯的丽都海滩，嘉柏丽尔与米西娅在一起。自 1917 年开始，她们就形影不离。

　　女男孩式[4]时尚方兴未艾，报纸对科莱特的小说《亲爱的》进行了评论，科莱特在小说中描述了业已结束的"母鸡"时代。20 年后，科莱特为《女性》杂志绘制了一幅嘉柏丽尔工作时的美丽肖像。与此同时，巴黎宛如一场流动的盛宴。

　　米西娅和塞尔特在一起生活 12 年后，于 1920 年 8 月正式结婚。这对夫妇选择意大利的罗马和威尼斯作为蜜月目的地。米西娅和她的丈夫确信，意大利的辉煌与绮丽将有助于嘉柏丽尔重新爱上生活，并说服她陪同他们一同前往。

4　20 世纪 20 年代被称为"女男孩时代"，女装设计中开始混入男性化元素，以方便女性跳舞、运动等。——译者注

20 世纪 20 年代，执导俄国芭蕾舞团的迪亚吉列夫（右二）经常在威尼斯与资助人朋友及俄国流亡者会面。

在意大利，嘉柏丽尔尤为喜欢威尼斯，这座城市是拜占庭、意大利和东方诸国之间伟大的折中融合。在圣马可广场的弗洛里安咖啡馆，她遇到了迪亚吉列夫，后者再次前来寻求波兰人米西娅对他的俄国芭蕾舞团进行帮助。回到加尔什后，嘉柏丽尔邀请斯特拉文斯基和他的家人一起住在贝尔莱斯比罗。这位时装设计师已经与这位作曲家熟识，并欣赏和捍卫这位在艺术界享有巨大声望的无产阶级流亡者的音乐，毕加索也刚刚为斯特拉文斯基画过肖像。

斯特拉文斯基爱上了嘉柏丽尔，但嘉柏丽尔却没有给他任何有希望的回应。尽管如此，她还是在经济上帮助了他十年，就像她以同样低调的方式支持俄国芭蕾舞团和迪亚吉列夫一样——很久以后，迪亚吉列夫的秘书鲍里斯·科赫诺才在信件中提到这种持续性的支持。作为艺术的赞助人，嘉柏丽尔并未

香奈儿　COCO CHANEL
une icône

剪短发、穿男装的作家科莱特的画像。作为解放的标志，她于 1902 年剪掉了长发。

就此止步。

在加尔什，斯特拉文斯基的四个孩子的笑声、嬉戏声回响在贝尔莱斯比罗的花园里。每当主人嘉柏丽尔把自己锁在客厅厚重的门后面工作时，孩子们是不被允许进入客厅的——就像禁止不和谐的和弦声从钢琴中传出。斯特拉文斯基和他的家人在嘉柏丽尔那里一直住到 1922 年。为了表达对嘉柏丽尔的感激，斯特拉文斯基送给她一件最珍贵的物品：一幅曾属于他家族的圣像。这幅圣像伴随他在流亡途中走过了无数艰难时刻，从那以后，嘉柏丽尔也未曾离开过它。

嘉柏丽尔对女性有很大的影响力。对我来说，她从来不是一位女性朋友，而是一个男性友人。

—— 嘉柏丽尔·多尔兹亚

维克多·马格里特于 1922 年出版了小说《女男孩》。图为弗拉马利翁出版社 1934 年为该小说所设计的封面。

香奈儿 **COCO CHANEL**
une icône

女男孩

  第一次世界大战结束时，女男孩风格开始形成，并在 1926 年达到顶峰，一直持续到 1929 年。这种风格强调瘦小、苗条、纤细，据说这一称呼源自维克多·马格里特于 1922 年出版的一本小说，其中讲述了一个年轻的短发女子按照自己的意愿生活，她打着领带并穿着男人的外套。女男孩风格在轮廓方面注重简化的剪裁胜过对面料的选择，特别是对于长度达到膝盖以下的衬衣式连衣裙，要求它们既适合白天也适合晚上穿着。头发要剪得很短，帽子则压在额头上，嘉柏丽尔和让·巴杜均受到了这种全新简单风格的深刻影响。

1920 年 / 1921 年

俄国时期 [1]

嘉柏丽尔在 1922 年设计的一款鸡尾酒裙的面料
细节：黑色织锦纱罗、金色复合线、双绉。

---

1 这一时期香奈儿的设计受俄国影响很大，故将这一时期称为"俄国时期"。——译者注

74 　　　　　　　　　　　　香奈儿 COCO CHANEL
　　　　　　　　　　　　　　　　　une icône

由乔治·霍伊宁根·休内
为 *Vogue*（美国版）拍摄
的嘉柏丽尔，1935 年。

　　斯特拉文斯基和他的家人并不是嘉柏丽尔身边唯一的流亡者。在康朋街，和在其他地方一样，时装店也在过"俄国时间"。这些店铺雇用了许多杰出的年轻女性，那些身无分文的"公主"们最终成为出色的女销售员、有天赋的刺绣师或优雅的模特。几年后，嘉柏丽尔购买了一位年轻的俄国女作家艾尔莎·特里奥莱制作的项链，这件首饰是由女作家的诗人情人路易·阿拉贡卖给时装店的，这条项链曾帮助路易·阿拉贡度过了那些放纵的年月。

迪米特里·巴甫洛维奇·罗曼诺
夫大公（1889—1942年）。在
1920—1921年，他与嘉柏丽尔
相爱。

　　在保持简约品味的情况下，尤其是从美国志愿者的斗篷中
得到灵感，嘉柏丽尔制作了运动斗篷，她的设计系列逐渐体现
出各种"斯拉夫"的影响。她此前的设计中从来没有这么多装
饰性毛皮大衣，同时，她还在黑色或棕色绉纱连衣裙上绣上五
颜六色的图案、玻璃珠或亮片。1922年，著名的俄国乡村刺
绣上衣让巴黎的女性兴奋不已。

　　1920年的夏天，嘉柏丽尔仍在痛苦地逃离斯特拉文斯基
的追求，而他却不听劝告。和往年夏天一样，她去了比亚里茨
打理生意。正是在那里的皇宫酒店，她遇见了沙皇尼古拉二世

晚礼服，用黑色丝质绉绸、午夜蓝
亮片刺绣、浅蓝色丝质绉绸制成，
约 1923 年。

香奈儿的服装款式——水獭皮
斗篷和灰褐色大衣，1923 年。

的侄子迪米特里·巴甫洛维奇·罗曼诺夫大公，在与尤苏波夫亲王一起参与刺杀拉斯普京之后，他不得不逃离俄国前往波斯，躲过了俄国革命，在欧洲过着富足无忧的流亡生活，他当时的情妇、科米克歌剧院的著名歌手玛尔特·达维利为他承担生活费用。29岁的迪米特里伤痕累累、性格极端，但非常英俊。这一次，嘉柏丽尔被这个斯拉夫人[2]的灵魂所征服。他们的恋情持续了一年，在此期间，他们形影不离，从巴斯克海岸到阿尔卡雄岸边的房子，从波尔多的葡萄园到蒙特卡洛一直到里维埃拉海岸……当他们来到巴黎，迪米特里在他忠实的男仆皮奥特的陪同下，与嘉柏丽尔在加尔什共同生活，与一直在那里的斯特拉文斯基及其家人居住在一起。

与此同时，嘉柏丽尔继续在康朋街招工：她雇用了迪米特里的亲戚，并在秋天把迪米特里的姐姐玛丽大公夫人安排在一个工坊里管理大约50名刺绣女工。

1921年推出的第一本Vogue（法国版）杂志赞扬"嘉柏丽尔那富有创造力的刺绣"，却不知道她为时尚界和香水界还准备了一个巨大的惊喜。

嘉柏丽尔的事业比以往任何时候都更加成功，她脑中充满了新的项目和想法。在米西娅的鼓励下，她就推出香水问题考虑了一段时间，因为她深知时尚与香水之间的互补性。博瓦莱

2　俄罗斯人属于斯拉夫民族，因此在这里称其为斯拉夫人。——译者注

早在 1911 年就已经预感到了这一点，他创造了"玫瑰心"香水[3]，以此作为对他女儿的致敬。像珠宝、扇子和玳瑁梳子一样，香水逐渐成为优雅的主要资产之一。然而，博瓦莱并没有偏离"美好年代"非常流行的香水类型，这些香水大多以单一花朵或过于花哨的花束为香味基调。20 世纪 20 年代初，人们被东方世界所陶醉，市场上出现了许多以"庞贝""古典紫""金色梦"等为名的香水，其香味从风格同样矫揉造作的香水瓶中逸出。

在一次前往蒙特卡洛的汽车旅行中，途经格拉斯时，迪米特里把嘉柏丽尔介绍给一位年轻的法国化学家厄内斯特·波，他专门从事香水制作。厄内斯特·波出生于莫斯科，在 1917 年俄国革命后回到法国。战前，他是拉莱公司的调香师，这家著名的法国公司成立于 1842 年，曾为俄国沙皇和欧洲其他宫廷提供香水。嘉柏丽尔与厄内斯特·波相处得非常好，两人很快便开始合作。

---

3 法文原名为"Rosine"，该香水的命名来源于博瓦莱的大女儿。——译者注

1921 年   1930 年   1950 年   1970 年

女士香水

在 1850 年至 1914 年间，时尚和香水同时发展。法兰西第二帝国创造了庄严的香水瓶轮廓，但在涉及气味时，简朴则是当时的主流。女性用手帕闻花束的味道，用古龙水让自己变得清爽。随着身体的伸展，气味也越来越浓。20 世纪的第一个十年是对科学和进步充满热情的时期，嗅觉世界被梦想的世界迷住了，气味浓烈的香水足以将人"催眠"，让人在诗意和狂喜之间游弋。鲜花主题的模棱两可让人想起刘易斯·卡罗尔笔下的花季少女[4]——她正走向

4　此处的少女指《爱丽丝梦游奇境》里的主角爱丽丝。——译者注

1970 年   1986 年

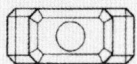

香水是无形、
极致且难忘的配饰。

—— 嘉柏丽尔·香奈儿

奇妙的内心地狱……在香水的使用上，那些女演员则树立了榜样。

调香师在这个时期仍然是匿名的人，他们管理着有限的想法和配方库存。然而，随着化学成分的出现，他们对气味的组合产生了空前的创造力，在"疯狂年代"前期，服装设计师与香水商争夺东方香调或花香气息，这些香水被装在由著名水晶制造商制作的豪华香水瓶里，并由知名装饰家或画家进行装饰。此时，对容器的设计大于香水本身，嘉柏丽尔长期以来一直以朴素和简单著称，她决心颠覆这种局面。

20 世纪 20 年代初，在蔚蓝海岸的嘉柏丽尔。

5 号：幸运数字

  在这一年里，应嘉柏丽尔的要求，调香师一直在精心研制香水配方。他向嘉柏丽尔展示了基于五月玫瑰和格拉斯茉莉花香调的试验成果，并提供了两个系列的样品：一个是从 1 号到 5 号，另一个是从 20 号到 24 号。嘉柏丽尔最喜欢的是编号 22 的香水，并计划在次年将其推向市场。然而，在 1921 年 5

月 5 日的发布会上，她选择了与之非常相似的 5 号香水——这个数字一直为她带来好运。她说："这是一款有女性味道的香水。"

厄内斯特·波用 80 种成分创造了一种"抽象花束"，这种合成的、融合的整体在醛的作用下振动，突出了芳香的味道，"就像草莓上的一抹柠檬"。5 号香水一经推出便超越了当时的审美，它拥有介于正方形和长方形之间的简单香水瓶，边缘圆润，方形瓶盖刻有双"C"标志。瓶身仅有一个白色标签，上面用简单的黑色印着香奈儿的名字以及一个数字。这次，容器退居二线，让琥珀色的香水成为焦点。

通过 5 号香水，嘉柏丽尔引领"疯狂年代"迈向了更抽象的表达。为了扩大产品的销售范围，她与拥有妙巴黎公司的皮埃尔·韦特海默签署协议，共同成立了"香奈儿香水"公司。从 1924 年到 1928 年，该公司陆续推出了包括 22 号、栀子花、岛屿森林和俄国皮革在内的多款香水。而凭借 5 号香水这一绝对的畅销品，嘉柏丽尔赢得了巨大的商业成功。

雅克·波尔格自 1978 年起担任香奈儿香水的调香师，2008 年，他重新审视了 5 号香水，并推出了新款——香奈儿 5 号低调奢华版女性香水。得益于"香奈儿风格的诗意语法"，这款香水以其极为清新和轻盈的香味著称。

诗人万岁！[1]

1926 年，在法国昂蒂布，科克托、毕加索、斯特拉文斯基以及于 1918 年与毕加索结婚的奥尔加·科克洛娃。

1　此处致敬科克托，他自称诗人，把自己写的剧本称为戏剧诗。——译者注

香奈儿　COCO CHANEL
une icône

嘉柏丽尔和迪米特里的恋情逐渐消亡。年轻的大公最终娶了一位美丽且富有的美国女继承人。尽管如此，迪米特里和嘉柏丽尔仍然保持了友谊，直到他 1942 年去世。

1921 年秋天，38 岁的嘉柏丽尔离开了她在加尔什的贝尔莱斯比罗别墅，但仍然允许斯特拉文斯基和他的家人继续留在那里居住。为了更靠近康朋街，她搬进了位于圣奥诺雷市郊街[2] 29 号的一座公馆。最初，她只租用了底层，不久后又租下了第一层，整个住所可以俯瞰一个巨大的法式花园，这座建筑已被列为历史遗产，因此其内部装饰不能随意更改。嘉柏丽尔在这座公馆内放置了她的科罗曼德屏风和一架三角钢琴，并逐渐增加了带有些许巴洛克风格的珍贵物件和地毯，这种装饰灵感部分来自塞尔特夫妇的影响。棕色、米色和金色构成了嘉柏丽尔与朋友们以及上流社会人士频繁会面的理想剧场的色调，在这里，嘉柏丽尔有时会接待斯特拉文斯基、米西娅或毕加索。

---

2 "市郊"一词的法文原文为"faubourg"，原指城墙或城门外的街区；随着巴黎的城市发展，后用来指市中心"le centre-ville"和市郊"la banlieue"之间的城市街区，如"圣奥诺雷街区"。现在巴黎仍有八条街的名称中带有"市郊"一词，提醒人们其曾属于某一市郊街区，如"圣奥诺雷市郊街"。——译者注

巴黎的"屋顶上的牛"咖啡馆，六人团在两次世界大战之间的日子每晚以音乐招待客人。

1922 年年末，演员查尔斯·杜林拜访了嘉柏丽尔，他是阿特莱尔剧院的负责人，嘉柏丽尔在凯丽雅西斯处上韵律舞蹈课时认识了他，凯丽雅西斯给嘉柏丽尔提供了为科克托改编的《安提戈涅》制作戏服的机会。毕加索负责布景设计，六人团成员阿蒂尔·奥涅格则负责配乐。

六人团由六个朋友组成：乔治·奥里克、热尔梅娜·塔耶芙尔、路易·迪雷、弗朗西斯·普朗克、达律斯·米约和阿蒂尔·奥涅格，他们在音乐品味上激进且毫不妥协，厌恶印象派音乐，能够在某一天崇拜斯特拉文斯基，但第二天就把他拉下神坛……他们常在布瓦西-丹格拉斯路的"屋顶上的牛"咖啡馆见面，这家咖啡馆的名字来源于科克托的一个戏剧。在这里，他们与保罗·莫朗、勒韦迪、塞尔吉·利法尔、艾蒂安·德·博蒙、米西娅、毕加索和曼·雷交流，曼·雷拍摄的肖像装饰着咖啡馆的墙壁。

《安提戈涅》首次演出时，观众惊呆了。人们将布景比作耶稣降生的场景，将毕加索的面具比作狂欢节的橱窗，而嘉柏丽尔则被传言已经成了希腊人。她回答说："（为了表现）希腊，就该用羊毛，而不是用丝绸。"*Vogue* 杂志在 1923 年 2 月号上称赞了她为这部作品设计的戏服，"这些中性色调的羊毛连衣裙给人的印象像几个世纪后被重新发现的衣服"。她解释说："我选择了米色，因为它是天然的，没有经过染色。我选择了红色，因为它是血的颜色，我们体内有如此多的血液，我们必须在外部展示一些……"此时，*Vogue* 并未提及毕加索的布景设计以及阿蒂尔·奥涅格的配乐，更没有提到安托南·阿尔托的贡献，在当时醉心于吉特里戏剧作品的巴黎，先锋派及其艺术家们还未引起人们广泛的兴趣。

《蓝色列车》、科克托与毕加索

诗人勒韦迪。

　　《安提戈涅》的公演失败并未妨碍科克托继续创作他的系
列戏剧作品，随后，他创作了《蓝色列车》，这部作品以连接
巴黎和蓝色海岸的快速列车命名，是一部没有对白的歌剧，科
克托借剧中在法国南部的阳光下"起舞"的场景，巧妙地嘲讽
了度假的上流社会群体。该剧于 1924 年由迪亚吉列夫制作，
音乐由达律斯·米约创作，布景设计则交给了从未为剧院工作

过的雕塑家亨利·洛朗斯。亨利·洛朗斯用纸质拼贴画创造了一个时髦的海滩场景，其中包括游泳者、网球运动员、高尔夫球员和正在徘徊的男同性恋者。所有演员的服装都由嘉柏丽尔设计。

亨利·洛朗斯是诗人勒韦迪的朋友，而嘉柏丽尔在米西娅家中已经见过勒韦迪：第一次是在 1919 年，在伯伊死后的第二天。勒韦迪离开了他的出生地——纳博讷的葡萄园，成为一位诗人，毕加索为他的文本绘制插图。为了生存，勒韦迪在 1917 年曾在一家印刷厂当校对员，在战况最糟糕时，他刚好复员。在纪尧姆·阿波利奈尔的鼓励和帮助下，勒韦迪创办了《南北》杂志，这是一本为留在前线的士兵准备的诗歌杂志，其名字来源于连接蒙马特和蒙帕纳斯的地铁线，这两个地方分别是巴黎画家和诗人的两个故乡。路易·阿拉贡、纪尧姆·阿

她的愤怒，她的邪恶，她的奇珍异宝，她的创作，她的奇思妙想，她的无理取闹，她的仁慈以及她的幽默和慷慨，最后构成了一个可爱的、有吸引力的、令人厌恶的、极端的……最终极度人性化的人物。

—— 让·科克托

玛丽·洛朗桑画的嘉柏丽尔，1923 年。

波利奈尔、马克斯·雅各布、特里斯坦·查拉、安德烈·布勒东和勒韦迪为《南北》撰写文字，而安德烈·德兰、乔治·布拉克、费尔南·莱热和胡安·格里斯则为其绘制插图。尽管有米西娅和书商阿德里安娜·莫尼耶的资金支持，《南北》这本出版物还是在 1918 年因缺乏资金在发行了 16 期后停刊。勒韦迪和嘉柏丽尔初次相遇时，便发现彼此对世界的看法有很多共同之处，勒韦迪向嘉柏丽尔介绍了他的诗歌，他们的友谊逐渐升华并让位于爱情。然而，由于勒韦迪已经结婚，他们的关系只能是断断续续的，勒韦迪受益于嘉柏丽尔和米西娅的慷慨相助，却过着"苦行僧"般的生活。1926 年，他在萨尔特省靠

《蓝色列车》

在《蓝色列车》中，嘉柏丽尔设计的服装与她的系列作品风格一致，能方便穿着者运动乃至完成各种杂技动作。她力求"比真实更真实"，完美达成科克托的要求。观众可以在舞台上认出由尼金斯基的妹妹尼金斯卡扮演的网球冠军苏珊娜·朗格伦的身影。嘉柏丽尔在这部剧中使用了泽西针织面料、经编面料和粗花呢。她从高尔夫服装中汲取灵感而采用了粗花呢，这一材料当时正因威尔士亲王在英国的推广而流行。《蓝色列车》的首演于1924年6月13日举行，演出前，嘉柏丽尔在后台手拿剪刀，直到最后一刻仍在修饰舞者的服装，毕加索为这个表演创作了画作，舞台幕布上再现了他的水粉画——画面中有两个女人在海滩上奔跑，尽管设置有些复杂，演出还是受到了公众和评论家的一致好评。嘉柏丽尔、达律斯·米约和科克托都因为这部作品受到了热烈欢迎。

我们是凭借无法被别人学
去的东西获得成功的。

—— 嘉柏丽尔·香奈儿

20 世纪 30 年代，嘉柏丽尔在她位于
康朋街 31 号的公寓里。

近索莱姆修道院的地方烧掉了大部分手稿，随后便从这个世界
隐退了。尽管如此，嘉柏丽尔还是像往常一样继续低调地支持
他作品的出版商，并持续了很多年。她保留着这位诗人的初版
图书，买回他的手稿，阅读并经常重读这些作品。他们的友谊
一直持续到 1960 年勒韦迪去世。

　　在康朋街，嘉柏丽尔聘请艾蒂安·德·博蒙作为珠宝工
作室的设计师，他为香奈儿品牌创作彩色人造宝石长项链，

一直持续到 1930 年。尽管他们已经认识了好几年，但艾蒂安·德·博蒙从未邀请过嘉柏丽尔参加他的聚会。这些聚会与查尔斯和玛丽 - 劳尔·德·诺阿伊组织的活动一样受欢迎，吸引了巴黎上流社会与先锋艺术家，在这里才华比金钱更受欢迎。1922 年，马塞尔·普鲁斯特就是在艾蒂安·德·博蒙的一次晚会上最后一次公开露面。

1924 年春天，艾蒂安·德·博蒙在家里组织了"巴黎之夜"，这是那个季节最令人惊讶的艺术活动。即使是对竞争持谨慎态度的迪亚吉列夫也对马辛[1]、埃里克·萨蒂和毕加索的活剧[2]和哑剧大加赞赏。在这类聚会上，人们开始佩戴外观像贵重珠宝但是用人造宝石制作的"时装珠宝"，嘉柏丽尔从不放过任何取笑传统的机会，她颠覆了传统。白天，她在简单的毛衣上佩戴一般为晚上准备的珠宝，脖子上挂着用假珍珠制成的长项链以及受文艺复兴或拜占庭艺术启发的镶嵌彩色宝石的项链，而在晚上，她常常选择不戴任何珠宝。

---

1 即莱奥尼德·马辛，法文原名为"Léonide Massine"，俄国芭蕾舞团的首席舞者及编舞。——译者注

2 法语原文为"tableaux vivants"，"活剧"在字面上是指"活"的戏剧，但它不是由演员化装后在舞台上演出，而是在现实生活中发生的、有戏剧性或感染力的人物故事或离奇场面，是对生活或壮美或曲折的概括。——译者注

1925—1930 年，钢琴家玛塞勒·梅耶和嘉柏丽尔在威斯敏斯特公爵的游艇上。

英国岁月

  《蓝色列车》大获成功后，嘉柏丽尔前往蒙特卡洛休息。她与一位英国朋友兼客户薇拉·贝特一起度假，薇拉与英王室有关系，正是她把嘉柏丽尔介绍给了一个英俊、优雅且迷人的男人——威斯敏斯特公爵，他是英国最富有的人之一，被朋友们亲切地称为"本多"。本多立即爱上了嘉柏丽尔并追求她，在他第二次离婚后、第三次结婚前一直对她呵护备至。

此后的五年间，嘉柏丽尔过着奢华的生活。她收到了许多礼物和花束，包括野花和在伊顿庄园温室里种植的山茶花（她非常喜爱这种花），还有藏在篮子里的珍贵珠宝……只要有机会，她就会前往威斯敏斯特公爵位于英格兰、苏格兰、里维埃拉或蒙特卡洛的众多住所之一与他会合。

嘉柏丽尔经常乘坐本多的豪华游艇巡游，因为航行是他最大的爱好之一。然而，她很快便对此感到厌倦，不明白为什么公爵总是用望远镜长时间观察大海，她就观察不到任何东西。有一天，这艘四桅帆船停靠在巴塞罗那，嘉柏丽尔下了船，立即跳上一辆出租车去了夏纳，而本多还在船上做那些"蠢事"。多年后，嘉柏丽尔依然会为此事发笑。

嘉柏丽尔最喜欢的是本多从不穿新衣服的习惯。他 25 年如一日地穿着同样的粗花呢外套。更重要的是，他不是一个势利的人。在陆地上，他的家族靠近马群生活，公爵的绰号"本多"就来源于家族马厩中的一匹名马。

不用公爵请求，嘉柏丽尔就会陪他去赛马场。在伊顿庄园，公爵在周末设晚餐和舞会招待客人，他把嘉柏丽尔介绍给他儿时的朋友还有威尔士亲王，即未来的国王爱德华八世，几

1928 年，在迪耶普附近，嘉柏丽尔与温斯顿·丘吉尔
及其儿子伦道夫一起打猎。

年后他将退位并与沃利斯·辛普森结婚。公爵还将她介绍给温
斯顿·丘吉尔，当时人们还不知道丘吉尔将在第二次世界大战
中发挥多大的作用。丘吉尔欣赏嘉柏丽尔的才华，喜欢她的幽
默感，并且与她用法语交流——因为她坚决不使用莎士比亚的
语言。

　　然而，在一次狩猎旅行之后，嘉柏丽尔立即回到了巴黎的
康朋街，把自己关在那里工作。这种事情时常发生。

1920—1925 年的嘉柏丽尔。

约瑟芬·贝克——黑人杂志和黑人舞会[1]的缪斯，1928 年。

....

1 "黑人杂志"为歌舞演出的名称，"黑人舞会"为歌舞厅的名称。——译者注

1926 年

一条黑裙

在巴黎，最初计划于 1915 年举办却因战争而不断推迟的装饰艺术博览会，终于在 1925 年 4 月问世。此后装饰艺术兴起，黑色、白色、米色以及与几何图案冲突的颜色为未来十年的西方美学定下了基调，并一举摧毁了从 18 世纪继承下来的装饰潮流。与此同时，一些美国艺术家和作家也在巴黎定居：包括作家厄内斯特·海明威和亨利·米勒；摄影师曼·雷，他尝试了超现实主义摄影，并在后来得到了李·米勒的帮助。一位年轻的黑人女性约瑟芬·贝克——那时她还不为人知——在

两位身穿泽西针织衫和黑色绉纱服装的香奈儿模特，载于 Vogue（法国版），1926 年。

布洛梅街 33 号的"黑人舞会"中获得了成功。这个地方几乎就在安德烈·马松和胡安·米罗工作室的窗下，他们在这条街的 45 号拥有同一楼层的工作室。保罗·莫朗、弗朗西斯·卡尔科、安德烈·纪德以及超现实主义者们，最后整个巴黎的上流社会群体都涌向了"黑人舞会"，以发现美丽的约瑟芬·贝克的惊人能量。在为她伴奏的管弦乐队中，另一位年轻的无名小卒吹起了小号，他就是西德尼·贝彻。

在时尚界，由让娜·浪凡[1]、芭甘和卡洛姐妹等设计师引领的浪漫主义运动逐渐被女男孩风格所取代，在这个充满活力的新环境中，女性时尚的外貌准则发生了根本性的改变，香奈儿和巴杜成为这一变革的领导者，尤其是巴杜自 1921 年以来在设计运动装方面表现出色，为网球冠军苏珊娜·朗格伦设计了既适合球场又适合都市的服装；意大利设计师艾尔莎·夏帕瑞丽和吕西昂·勒隆也为优雅女性的新工作生活设计服装；俄国画家索尼娅·德劳内的彩色泳装风靡一时，她与雅克·海姆共用一家精品店。然而，嘉柏丽尔是最受媒体青睐的人，人们经常关注她设计的缩短下摆的及膝连衣裙，以及她频繁从威斯敏斯特公爵那里借来的英式风格服装，包括西装外套、袖扣衬衫、短大衣、粗花呢外套和针织毛衣，这些衣服搭配上一顶低檐钟形帽，构成了她的标志性装扮。

康朋街的时尚被打上了绝对的英式风格和贵族烙印。正是在这样的背景下，1926 年的一个晚上，嘉柏丽尔在歌剧院扫视了一下满座的观众，那里的女性打扮相对她来说都太过沉重或色彩斑斓，那一刻，她意识到必须回到最基本的设计——一条简单的黑色连衣裙。

1　法文原名为"Jeanne Lanvin"，也译作"珍妮·浪凡"。——译者注

香奈儿 **COCO CHANEL**
une icône

做一条黑裙，是很难的事。

—— 嘉柏丽尔·香奈儿

有比黑色更美的吗？

　　1926 年，嘉柏丽尔推出了双绉绸"小黑裙"。这款裙子设计如此优雅，以至于它决定性地赋予了黑色以高贵的属性。这款裙子看起来几乎没有个性，简单到"不凸显胸部，不凸显腹部，不凸显臀部"，*Vogue*（美国版）将其比作底特律工厂批量生产的汽车之一，并预言"香奈儿版福特"将获得同样巨大的成功。通过这款小黑裙，香奈儿为大众打开了通往优雅世界的大门。

塞尔吉·利法尔在1928年担当芭蕾舞剧《缪斯的指挥者阿波罗》的主角，它由俄国芭蕾舞团制作、由乔治·巴兰钦基于斯特拉文斯基的音乐编舞。

1926年/1929年

魂归威尼斯

同年，即1926年，在艺术剧院上演的科克托戏剧《奥尔菲》中，皮托耶夫夫妇所穿的毛衣、连衣裙以及粗毛线衫均由嘉柏丽尔设计。两年后，嘉柏丽尔帮助斯特拉文斯基完成了迪亚吉列夫在莎拉·伯恩哈特剧院制作的《缪斯的指挥者阿波罗》的服装设计，其中，编舞者是年轻的俄国人乔治·巴兰钦，在这部独幕作品中，嘉柏丽尔设计了一件用简单的打结领带固定

香奈儿 COCO CHANEL
une icône

的古希腊风格外衣。

1928年，嘉柏丽尔在蒙特卡洛后面的罗克布吕内高地上买了一块地，威斯敏斯特公爵的游艇经常停泊在那里。她要在那里建造一座度假别墅，将其命名为"拉保萨"，邻近这座别墅的是丘吉尔和她那些伦敦朋友们的度假别墅。拉保萨包含超过40个房间，分布在三栋建筑中，建筑风格严谨，可以俯瞰天井，里面还有一棵巨大的老无花果树。在房子周围，面朝大海，她重新种植了一些百年橄榄树。在一年的时间里，她每月监督那里的工程。

当他们终于搬进那里居住时，公爵却更喜欢待在蒙特卡洛赌场里玩耍或在他的船上招待友人。他风流成性，而嘉柏丽尔不能给他一个孩子，她看着他渐渐远离。

1929年的夏天，她与米西娅最后一次巡游。米西娅被丈夫伤害了，她的丈夫也十分风流，坚决要找情妇。在亚得里亚海正中，她们在船上收到一条消息：迪亚吉列夫在威尼斯去世了。他于8月19日早晨离世，就在嘉柏丽尔46岁生日那天。

嘉柏丽尔和米西娅在圣米歇尔岛上为迪亚吉列夫举行了葬礼。她们乘坐一艘黑色的贡多拉[1]，两人都身着白色衣服，陪同她们的是迪亚吉列夫的秘书鲍里斯·科赫诺和俄国芭蕾舞团的

1　意大利威尼斯特有且最具代表性的传统划船，船身全部为漆黑色，船头和船尾向上弯，由一名船夫站在船尾划动。——译者注

新星塞尔吉·利法尔——他刚刚在《缪斯的指挥者阿波罗》中崭露头角。嘉柏丽尔承担了所有费用，正如几年前她为年轻作家、科克托的朋友雷蒙·拉迪盖举办葬礼时所做的那样。

葬礼结束后，本多再次扬帆起航。在随后的日子里，人们看到嘉柏丽尔出现在丽都海滩上，她经常在那里与俄国芭蕾舞团的成员会面，她不喜欢穿短裤，而是选择宽松的白睡衣。回到拉保萨后，嘉柏丽尔接待了她的艺术家朋友们，他们一起回忆了夏初她在巴黎为俄国芭蕾舞团和朋友迪亚吉列夫举办的盛大晚会，没有人能预料到那是迪亚吉列夫最后一次在巴黎露面。

秋天的巴黎并不太欢快，尽管"屋顶上的牛"咖啡馆依旧热闹非凡，但人们已经心不在此，表面上，巴黎依然奢华，但实际上，人们感到更多的是晕眩而非有趣。美国纽约证券交易所的崩溃使得欧洲的"灯光"逐渐熄灭，社会危机和失业接踵而至。法国高级定制时装业长期依赖美国市场，此时也受到了严重影响。为了应对危机，设计师们不得不调低价格，嘉柏丽

模特身着香奈儿黑色绉纱连衣裙，爱德华·斯泰肯，1926年。

香奈儿 COCO CHANEL
une icône

嘉柏丽尔身着一件柔软的粗花呢外套，1931 年。

尔也不例外。服装上的刺绣和饰带被取消，工坊也在裁员。曾经过于孩子气且调皮的女男孩风格被设计师们放弃，转而采用更加柔和且突出曲线的设计，裙子根据一天中的不同时刻被延长并扩大裙摆。嘉柏丽尔白天穿着简单的泽西针织衫，晚上则换上极简的蕾丝薄绸晚礼服。

与此同时，威斯敏斯特公爵决定与英国宫廷礼仪主管的女儿结婚。而在嘉柏丽尔的家族这边，她的姑姑阿德里安娜终于与莫里斯·德·尼克松完婚，整个罗雅留团体都参加了这场婚礼。

随着威斯敏斯特公爵的离去，嘉柏丽尔与诗人勒韦迪重新建立了联系。勒韦迪帮助她以格言的形式表达对时尚和优雅的看法，杂志和评论经常邀请她发表见解。这是恢复关系的借口，不过这种关系依旧复杂如初。勒韦迪重新融入了巴黎的夜生活和他的艺术家朋友圈，最终，嘉柏丽尔带他去了拉保萨，在那里他把自己关起来写作。两人间的这段故事持续了将近一年的时间，勒韦迪以其独特的才华，精准地表达了自己和嘉柏丽尔的思想，而她也总是要求他来执笔。

对粗花呢的品味

在伦敦期间，伯伊就已经让嘉柏丽尔重新改制她为自己设计的服装了。嘉柏丽尔在苏格兰发现了粗花呢的魅力，并开始用家纺布来清理其他面料，如绉纱和薄纱。根据她的指示，为了保持柔软度和质感，这些布料不能用水清洗太多次。

香奈儿理念词典

欧罗巴号客轮抵达纽约，船上的嘉柏丽尔在前往
美国西海岸的途中。

女人们会想到所有颜色，除了没有颜色。我说过黑色
可以掌控一切，白色也是这样。它们有一种绝对的美
丽。这是最完美的搭配：把身着白色或黑色衣服的女
人放在舞会上，人们就会除了她们什么也看不到了。

—— 嘉柏丽尔·香奈儿

1931年4月，嘉柏丽尔乘坐火车前往洛杉矶和好莱坞之前在纽约停留，拍摄了这张照片。

1930 年夏天，嘉柏丽尔在蒙特卡洛与迪米特里重逢，后者将她介绍给了塞缪尔·戈德温——好莱坞的独立制片人，同时也是米高梅和派拉蒙的初创成员之一。戈德温向嘉柏丽尔提供了一份惊人的合同，邀请她为好莱坞的明星们设计服装。他相信，凭借她在美国的巨大名气，嘉柏丽尔能够吸引那些因大萧条而减少观影次数的美国女性重新回到电影院。面对这份诱人的提议，嘉柏丽尔并没有急于回应：她并不缺戈德温提供的资金，因为她已经拥有一批富有的美国女顾客，不过，她也意识到围绕这些好莱坞女演员的宣传可以大大提升她的知名度，并打开美国东西海岸百货公司的大门。

1931 年 4 月，嘉柏丽尔乘坐欧罗巴号客轮长途跋涉后抵达纽约。刚刚与塞尔特离婚的米西娅和康朋街的模特、女工一同加入了这次旅行。为了取悦嘉柏丽尔，戈德温特意安排了一辆全白的火车从纽约中央车站带她前往洛杉矶。

　　在洛杉矶，嘉柏丽尔受到了年轻的葛丽泰·嘉宝的欢迎，并与玛琳·黛德丽结为朋友，这两位都是她的朋友兼客户。她还遇到了导演埃里克·冯·斯特罗海姆。然而，她在这里的工作并不轻松。尽管她在巴黎的剧院和芭蕾舞团有丰富的工作经验，但当时黑白电影正变得越来越重要，此外，明星们不希望一个服装设计师对他们过多干预，即使这位设计师是优雅的香奈儿小姐。她在《今夜或永不》

1932 年 9 月的 *Vogue*（法国版）封面，白色是鸡尾酒裙的颜色。

111

伦敦，1932 年，在威斯敏斯特公爵的公寓里，香奈儿小姐和帕梅拉·史密斯夫人正在准备香奈儿慈善系列。

中为格洛丽亚·斯万森设计了服装，但没有获得后续合作的机会。在拜访了 *Vogue* 和 *Harper's Bazaar* 的总编后，嘉柏丽尔回到了巴黎。

回到巴黎后，嘉柏丽尔又见到了保罗·伊里伯。作为加利福尼亚电影公司的常客，他为塞西尔·B. 德·米勒的《十诫》制作了布景和服装。他还是一位讽刺插画家、广告人，并创造了"美的，好的，杜本内"[1]等广告语，同时为时装设计师兼艺术赞助人雅克·杜塞设计家具。尽管已婚，但他还是有一些对他有帮助的情人关系，并成功勾引了嘉柏丽尔。在法西斯主义开始兴起的欧洲背景下，他所表现出的政治立场总是引起争议，科莱特无法忍受这个油嘴滑舌且投机钻营的人。然而，保罗·伊里伯的理念逐渐影响了嘉柏丽尔。

随着经济萧条在欧洲肆虐，嘉柏丽尔开始鼓吹钻石"确定且永恒"的价值。1932 年 11 月，她在自己位于圣奥诺雷街区公馆的沙龙里组织了一个名为"钻石珠宝"的展览，并举行了盛大的开幕式。巴黎上流社会人士纷纷前来观看。这个想法可能是保罗·伊里伯提出的，从展览现场那浮夸而好莱坞式的场景设计可以看出来。参观者看到了一系列全钻石珠宝，裸钻被切割并镶嵌成可变换形态的作品，展示在蜡质半身像上，这些半身像则放置在黑色大理石底座上。这种带有星星、羽毛和蝴蝶结图案的珠宝没有托座或搭钩，在镜面屏风的巧妙配合以及巴洛克式吊灯的灯光下，一切都以奢华炫目的形式被无限反射。这场展览是为了援助慈善事业，其光影效果也获得了巨大成功。嘉柏丽尔再次创造了惊喜。

1　原为"Dubo, dubon, Dubonnet"，与"Du beau, du bon... Dubonnet"谐音，意为"美的，好的，杜本内"，是杜本内牌苦艾酒的广告语。——译者注

首先导致我开始构想假宝石珠宝的原因是，我发现它们在太过浮夸的时代被轻视了。在金融危机时期，崇尚浮夸的观念逐渐消失，在这种情况下，对真实性的本能渴望重现了。而我试图用我对闪亮事物的品味，以饰物来调和时尚的优雅。

—— 嘉柏丽尔·香奈儿

1932 年的"钻石珠宝"展览，由嘉柏丽尔在自己圣奥诺雷街区公馆的沙龙里组织。

香奈儿的黑色亮片晚礼服，1935 年。

保罗和嘉柏丽尔

由保罗·伊里伯为报纸《见证》绘制的封面：具有嘉柏丽尔风格特征的玛丽安娜形象。

　　嘉柏丽尔与保罗·伊里伯的私情在此之前一直保持低调，但此时却被公之于众。嘉柏丽尔买下了位于蒙福尔 - 拉莫里的拉热尔比埃尔公馆，这原本是科莱特丈夫莫里斯·古德凯的房产，因经济危机被迫出售。嘉柏丽尔和保罗·伊里伯将这里作为他们的爱巢。

　　1932 年，科莱特出版了《监狱与天堂》一书，书中收集了她在媒体上发表过的文章，其中有一段显眼的文字专门提及"香奈儿小姐"。同年，保罗·伊里伯搬进了嘉柏丽尔在圣奥诺雷街区的住所。两人当时都刚满 50 岁，而这次展览不仅巩固了他们之间的联系，也加深了他们的私情。

为了支持保罗·伊里伯的职业发展，嘉柏丽尔资助并重新发行了讽刺报纸《见证》，这是他于 1906 年创办但在四年后停刊的刊物。该报复刊后采取了明显的民族主义和反动的政治立场，保罗·伊里伯既是负责人也是主要漫画家和插画师。此外，嘉柏丽尔还让保罗·伊里伯参与香奈儿品牌的事务，委托他负责纺织部门的发展。他被任命为香奈儿公司面料的负责人后，就强行将兄弟多米尼克任命为总监。此前，生产面料的阿尼耶尔工厂由俄国未来主义艺术家伊利亚兹德经营，米西娅在 1928 年将其介绍给了嘉柏丽尔。伊利亚兹德为香奈儿调配颜色并创造了具有几何图案的面料，作为一名数学家，他甚至设计了一台特定的织机。然而，不久后他与伊里伯兄弟不和，离开了香奈儿公司。

保罗·伊里伯在嘉柏丽尔周围制造了一种既热情又时而动荡不安的氛围。这对恋人经常出现在巴黎上层资产阶级的聚会和舞会上，在那里，在两杯香槟的晃动之间，有关两人结婚的传言悄悄流传。

1935 年夏末，保罗·伊里伯在拉保萨与嘉柏丽尔会合。清晨，他刚从蓝色列车下来，准备与嘉柏丽尔的朋友打一场网球时，突然感到身体不适。不久之后，他在前往芒通一家诊所的救护车上去世，留下沉默不语且一蹶不振的嘉柏丽尔。

1933 年，康朋街，在嘉柏丽尔的沙龙里正在展示"麂皮的天堂"系列。

香奈儿 COCO CHANEL
une icône

阿尔弗雷德·艾森斯塔特拍摄的香奈儿晚礼服。

康朋街 31 号的入口，
嘉柏丽尔在此开店。

1935 年

再度单身

　　在巴黎，嘉柏丽尔听从保罗·伊里伯的建议，离开了罗昂 - 蒙巴松公馆，转而在康朋街附近租下了一处带家具的小公寓。伊里伯曾批评她的生活方式太过奢侈。随后，她搬进了丽兹酒店，选择了一个俯瞰旺多姆广场的套房，并按照自己的喜好进行了布置，但只晚上才在那里度过。

　　不久之后，嘉柏丽尔又在康朋街那栋楼的二楼布置了一个

香奈儿 COCO CHANEL
une icône

1933 年在位于巴黎的香奈儿工作室里，女工们正在制作下一个系列。

私人公寓，白天她可以在那里休息，或是在沙龙中接待客人，邀请朋友们共进午餐或晚餐。这个公寓宛如一个精心布置的洞穴，里面摆满了艺术品、旧书、时尚的家具和吊灯。尽管画作不多，但斯特拉文斯基赠送的圣像画和科罗曼德屏风挡住了墙壁，共同营造出标志性的"香奈儿小姐"戏剧性风格。

为了逃避内心的悲伤和难过，嘉柏丽尔比以往任何时候都更加专注于工作。

　　在准备新系列的兴奋中，嘉柏丽尔忘却了一切烦恼。在四楼的工作室里，她可以围着一个人体模型连续工作数小时，周围是她的工头、助手和送布料的搬运工。

　　她的朋友科莱特时常来看望她，和她说说话。"嘉柏丽尔用十根手指、指甲、手掌边缘、手掌、针和剪刀直接在衣服上工作……'我讨厌那些矫揉造作的东西……在一块品质不错的布料上……按住这里，从那里放手……不，不要做得太小……我不想再说了……'嘉柏丽尔不再缝纫了；她已经忘记了这一切，她的工具，那把剪刀，总是在一条长长的白丝带末端，除去她认为的矫揉造作的东西。""飞机的线条上有矫揉造作的东西吗？没有！你看！"嘉柏丽尔经常说，"当我设计自己的系列时，我总会想到飞机。"

　　晚上，嘉柏丽尔回到丽兹酒店的套房。为了能够入睡，她不得不注射镇静剂。

1935 年左右推出的香奈儿晚礼服。

1936 年 / 1953 年
一个时代的终结

　　欧洲各地战火纷飞，但人民阵线的胜利并未阻碍社交和艺术生活的蓬勃发展。在时尚界，变革正在悄然进行，作为杰出人物之一，嘉柏丽尔摆出造型供伟大的摄影师们拍摄，她的朋友圈包括卢奇诺·维斯康蒂、让·雷诺阿、萨尔瓦多·达利、让·科克托和克里斯汀·贝拉尔。她唯一的竞争对手是意大利服装设计师艾尔莎·夏帕瑞丽。1939 年战争爆发 [1] 后，嘉柏丽尔关闭了她的时装店。在战时的黑暗岁月里，她在巴黎、法国南部和瑞士经历了动荡与矛盾的爱情生活。为了应对新时代的风尚以及战后高级时装的需求，嘉柏丽尔于 1954 年重新复出。

1　指第二次世界大战。——译者注

1936 年，香奈儿时装店的员工在巴黎康朋街 31 号前举行罢工。

香奈儿 COCO CHANEL
une icône

在巴黎圣拉扎尔火车站附近的一家商店里，铁皮卷帘门已被放下，店员们正在享受冷饮。

在 1936 年 6 月的人民阵线罢工期间，工人们在法国共产党的旗帜下在万塞纳森林示威。

1936 年

新的游戏规则

　　欧洲已经成为一个火药桶。德国军队违反《凡尔赛条约》，重新占领了莱茵河左岸，希特勒进一步掌权。在意大利，墨索里尼已经执政三年，掌控着年轻的意大利黑衫党。西班牙内战刚刚爆发，这是一场悲剧的试炼和演习，最终将点燃整个欧洲。

　　在法国，人们不希望看到任何变故发生，大家只是感到恐惧。5 月的选举刚刚选出人民阵线，莱昂·布鲁姆组建了新政府。如潮的政治和社会事件影响迅速蔓延到了时装行业。

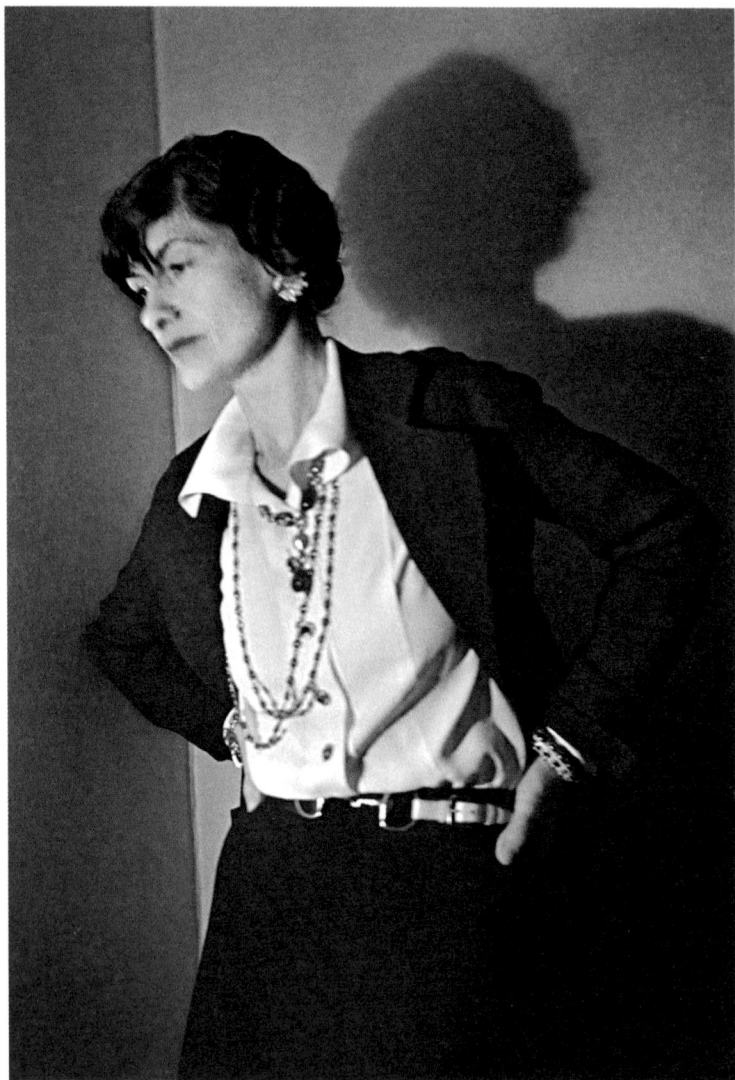

香奈儿　COCO CHANEL
une icône

鲍里斯·利普尼茨基在 1936 年为嘉柏丽尔拍摄的两张肖像，其中一
张她穿着黑色西装和白色衬衫，另一张她则突出展示了贵重或新奇的
长项链、戒指和手镯。

一天早上，在康朋街，嘉柏丽尔发现一群罢工纠察队禁止她进入自己的时装店。面对女工罢工，嘉柏丽尔因愤怒而情绪失控，感到不知所措。员工们的不满包括每周 40 小时的工作时间和集体合同。嘉柏丽尔回应说，她从未想过每年为那些想要带薪假期的人提供两周假期待在朗德省的米米藏。她与员工对话时语气变得强硬，甚至提出将香奈儿时装店甩手转让给她们，自己只做受薪董事。女工们拒绝了她的提议。嘉柏丽尔解雇了 300 名员工，但员工们的决心极大，不过，最后罢工还是平息了，生产得以恢复。

从 1936 年起，时尚界发生了许多变化。Vogue 的编辑、在美国备受喜爱的时装设计师梅因布彻搬到了巴黎，并为后来的温莎公爵夫人沃利斯·辛普森设计了绝美的服装。热尔梅娜·科莱布（未来的格雷斯夫人）以其奢华的褶裥在阿里克斯时装店一举成名。玛德莱娜·维奥内[1]——那位曾称嘉柏丽尔为"这个制帽商"的设计师——发明了巧妙的斜裁晚礼服，风靡巴黎。

在这些获胜概率甚微的竞争者中，艾尔莎·夏帕瑞丽最为惧怕嘉柏丽尔。艾尔莎与达达主义者关系密切，并与她们共同的朋友科克托、达利和贝拉尔合作了一些夸张的设计，但嘉柏

---

1 即玛德琳·维奥内特，法文原名为"Madeleine Vionnet"，此处为法文音译。——译者注

1937 年，在科罗曼德屏风前，嘉柏丽尔与意大利珠宝商福尔科·迪·维尔杜拉伯爵在一起，后者自 1933 年以来一直为她制作珠宝，包括著名的珐琅手镯。

丽尔对此并不欣赏。她在提到艾尔莎时，总是用"那个意大利人"或"那个做衣服的意大利人"来称呼她，从不称呼其名。

　　高级时装在巴黎的艺术与技术世界博览会上取得了巨大成功。嘉柏丽尔在法国馆展示了她的服装款式，而旁边的意大利馆则展出了贝拉尔的作品。与此同时，在当时仍处于共和制的西班牙的展馆里，参观者们看到了毕加索刚刚完成的作品《格尔尼卡》，它描绘了这个巴斯克小城刚刚被德国空军轰炸后的惨状。毕加索宣称："绘画并不是为了装饰公寓，它是一种战争工具，具有进攻性和防御性，是用来对抗敌人的！"西班牙共和国政府刚刚象征性地任命他为马德里普拉多博物馆的馆长。这对德国馆来说，显然不是一个好兆头。

在这段时间里，嘉柏丽尔一如既往地成为媒体焦点，"最伟大"的摄影师们纷纷为她拍摄，他们对她充满热情，揭示并放大了她成熟且美丽的一面。霍宁根-休内自1925年起为Vogue（美国版）工作并在巴黎代表该杂志，正是他拍摄了那张著名的嘉柏丽尔戴着白色围脖的肖像。德国摄影师霍斯特则捕捉到了嘉柏丽尔坐在安乐椅上或躺在沙发上的优雅瞬间。此外，罗杰·沙尔、弗朗索瓦·科拉尔、塞西尔·比顿和鲍里斯·利普尼茨基也为她拍摄过照片，其中利普尼茨基还记录了她与年轻的西西里珠宝商福尔科·迪·维尔杜拉在一起的画面。作为香奈儿品牌著名的珐琅和半宝石手镯的创作者，珠宝商福尔科自1933年以来一直与嘉柏丽尔合作，并于1937年移居美国。

艾尔莎·夏帕瑞丽

艾尔莎·夏帕瑞丽是嘉柏丽尔的邻居，自 1927 年起，她在和平街和旺多姆广场之间游走，并在那里开设了自己的沙龙。她将自己定义为一个"有灵感的服装设计师"，在巴黎和好莱坞，树立了独特的标杆。自 20 世纪 20 年代初以来，她就以设计运动装而闻名。结识达达主义诗人后，她的设计风格更加独特：严肃的西装外套和黑色连衣裙上出现了马戏团和十二宫的刺绣图案；下午裙装采用沉重的帆布，晚间装则使用花呢；色彩鲜艳的拉链出现在运动装和晚礼服上。她还热衷于探索新材料如塑料和玻璃纸，以及它们的光学效果。

艾尔莎·夏帕瑞丽在她位于旺多姆广场的办公室中，1935 年。

艾尔莎·夏帕瑞丽积极寻找超现实主义的诗人和画家，邀请他们将自己的标志性主题融入她的作品中。科克托为她设计了用塑料和陶瓷制作的蔬菜项链，并在外套袖子上绣上了带有长头发的脸庞。达利则将他著名的龙虾和抽屉柜元素应用到了连衣裙上。某天，达利的妻子加拉穿着带有唇形口袋的西装、头戴一顶"令人震惊的"黑色鞋形帽子亮相，这顶帽子的鞋跟是粉红色的，至今仍非常有名。"震惊"也是艾尔莎·夏帕瑞丽推出的一款标志性香水的名字，朋友们称这款香水为"夏帕"。战争期间，艾尔莎·夏帕瑞丽流亡到纽约，但她在巴黎的时装店仍然保持开放，于贝尔·德·纪梵希、菲利普·维内和皮尔·卡丹都曾为她工作过。

　　最终，在 1954 年，艾尔莎·夏帕瑞丽永远关闭了她的高级时装沙龙——这一年，也正是嘉柏丽尔回归时尚界的时刻。

1935 年，在艾尔莎·夏帕瑞丽沙龙里的一次试装。

1936 年，一位模特穿着香奈儿的晚礼服摆姿势。

1937 年，嘉柏丽尔身着半身裙和条纹开衫，由鲍里斯·利普尼茨基拍摄。

香奈儿 COCO CHANEL
une icône

一件香奈儿双色薄绸晚礼服，1937 年 9 月。

香奈儿的酒红色羊毛和海狸皮春秋套装,《巴黎时装公报》上的插画,1938年10月。

1936年2月,女性杂志《弗朗索瓦丝》封面上的香奈儿红色大衣。

此时，一位年轻的意大利人维斯康蒂的出现分散了嘉柏丽尔的注意力，使她不再感到孤独。嘉柏丽尔立即察觉到这位 30 岁的年轻人所拥有的才华，并将他介绍给了让·雷诺阿。这位导演让维斯康蒂在几部电影中担任助手，包括《底层》和《乡村一日》。

　　维斯康蒂与嘉柏丽尔之间的恋情很短暂。维斯康蒂形容她身上有着"女性的美丽、男性的智慧和奇妙能量的混合"。即使分手后，他们仍然维持着友谊。两年后，两人在电影《游戏的规则》拍摄现场重逢，因为让·雷诺阿邀请了嘉柏丽尔为该片设计服装。

　　嘉柏丽尔还再次见到了让·科克托。这次见面是为了一个改编自索福克勒斯作品的戏剧《俄狄浦斯王》。尽管嘉柏丽尔对科克托过于世俗和肤浅的一面感到恼怒，但她与他有一种明显的亲近的友情，始终相信他的才能，并支持他、听从他的意见。科克托则对嘉柏丽尔表示了无条件的认可和支持。他们的

1937 – Robe du soir

Jean Cocteau
☆
1937

The Incomparable Coco, Mademoiselle Chanel,
her white crepe dinner dress her magnificent
multicolored jewels and her hair ribbon...

55

香奈儿 COCO CHANEL
une icône

左图：科克托于 1937 年为嘉柏丽尔画的晚装肖像，并注释："无与伦比的嘉柏丽尔·香奈儿小姐。她的白色绉纱晚礼服，她那华丽的多色珠宝，以及在她头发上打结的丝带。"

下图：1948 年，导演兼电影制片人维斯康蒂。

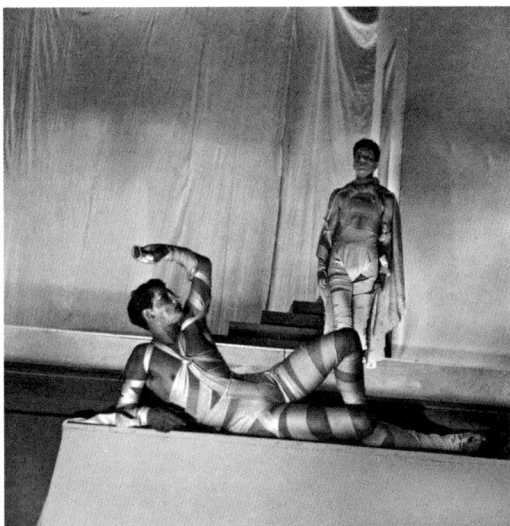

让·马莱身着嘉柏丽尔设计的服装参演戏剧《俄狄浦斯王》，该剧根据索福克勒斯的作品改编，由科克托执导，1937 年在巴黎安托万剧院上演。

人生道路经常交叉，因为他们有许多共同的朋友和兴趣。在这部戏剧中，嘉柏丽尔为刚满 23 岁的英俊演员让·马莱系上了简单的白色细带，这一形象令科克托非常着迷。

得益于刚刚签订的《慕尼黑协定》，法国暂时避免了战争，但这种和平能持续多久？

吉卜赛风格的晚礼服，发表在 *Vogue*（法国版）上的画作，1938 年 10 月。

格言与警句

    1938 年秋天，贝拉尔和勒韦迪都住在拉保萨。在那里，勒韦迪写下了"嘉柏丽尔·香奈儿的格言与警句"，这些箴言后来刊登在 *Vogue* 9 月号上。与此同时，嘉柏丽尔与艾尔莎·夏帕瑞丽之间的竞争达到了顶峰，因为两人都为纤瘦的女性设计了修长且线条流畅的裙装和严肃的套装。

    达利和他的妻子加拉也来到拉保萨工作，他正在为蒙特卡洛的俄国芭蕾舞团下一年的歌剧《狂欢之舞》做准备，而嘉柏丽尔则负责将他画出的服装制作出来。正如嘉柏丽尔所说，她虽然不喜欢他的装腔作势，但欣赏他假装的疯狂、机智和奢侈。在康朋街的香奈儿工作室里，墙上挂着为数不多的几幅画之一就是达利所绘的麦穗，但它悬挂在那里更多是因为麦子象征着幸运和繁荣，而不是出于绘画本身的品味。

时尚是一位女王，有时也是一个奴隶。

—— 皮埃尔·勒韦迪

香奈儿模特，1938 年 3 月。

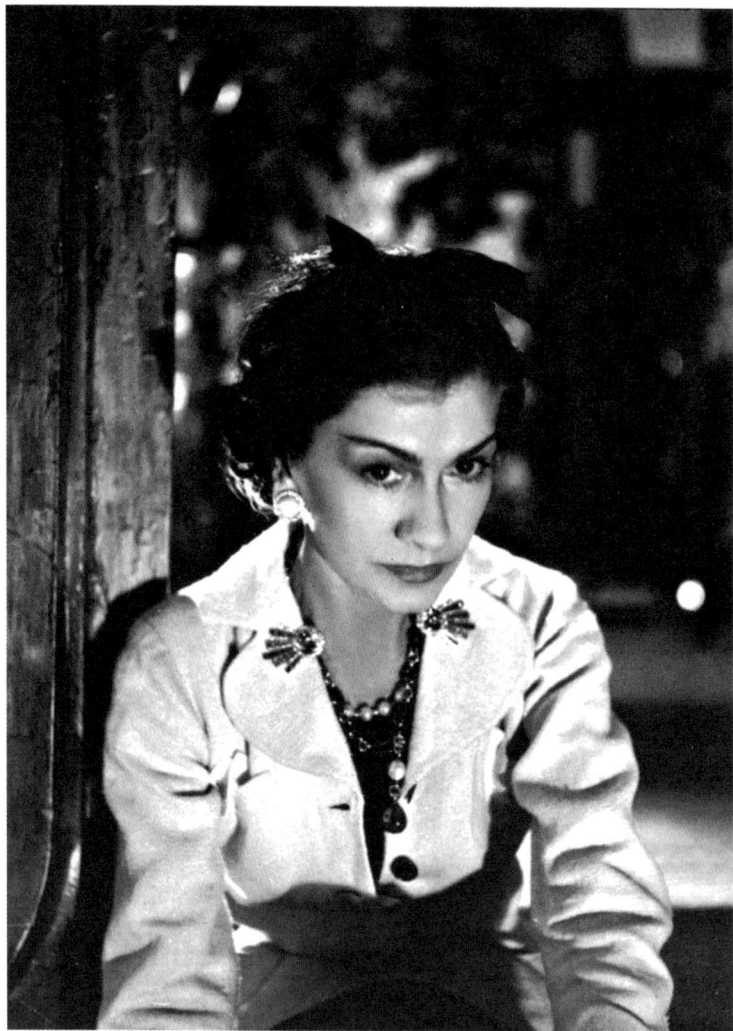

由鲍里斯·利普尼茨基拍摄的嘉柏丽尔，1937 年。

香奈儿 COCO CHANEL
une icône

战争，它又来了

在国际舆论的压力下，法国总理爱德华·达拉第最终准许西班牙共和党难民通过比利牛斯山脉进入法国。这些难民被法西斯分子打败和追捕，大约 50 万人在冬天最恶劣的条件下越过了边界。首批难民营之一设在滨海阿尔热莱的海滩上，临时搭建并驻扎了 7.5 万人。摄影师罗伯特·卡帕在 3 月从那里返回后描述道："那是一座沙地上的地狱。"

在巴黎，人们对即将到来的春天唯一津津乐道的是香奈儿的新裙子——"吉卜赛风格的薄绸长裙或布满轻盈三色花图案

《游戏的规则》拍摄场景，这是一部由让·雷诺阿于 1939 年导演的电影。嘉柏丽尔为电影设计了所有的服装。

这不是一个穿裙子的时代，我感觉一个时代
正在结束，人们将不再做裙子。

—— 嘉柏丽尔·香奈儿

的长裙"。在沙龙上，人们仍然对国际局势的变化视而不见，让·雷诺阿的电影《游戏的规则》在电影院上映时引起了很多嘘声，然而该影片对一个垂死社会的认知是如此清醒，并将其反映了出来。

9月3日，同盟国对德国宣战。面对这一局势，嘉柏丽尔做出了决定：她要关闭自己的时装店。尽管巴黎高级时装公会希望维持原状，嘉柏丽尔并没有屈服于压力。她的女工们被安排到其他时装店或工坊工作，或自己开店，香奈儿工坊的负责人露西娅·布泰因此带走了整个团队，其中包括当时还是年轻学徒的玛侬·利热乌尔。但14年后，在香奈儿工坊重新开张时，玛侬成了工坊的负责人。人们关掉了工坊的灯，并给沙龙的椅子罩上了灰色的套子。康朋街的这座大楼变得寂静无声，

香奈儿的白色褶皱薄绸及欧根纱连衣裙。

只有一楼的商店继续开放，销售香水和配饰。

嘉柏丽尔隐居在丽兹酒店和康朋街之间。她的时装店关闭后，她不再向兄弟阿尔丰斯和吕西昂支付生活费，从此再也没有见过他们。她与他们的唯一联系是姑姑阿德里安娜，后者幸福地生活在克莱蒙费朗附近。嘉柏丽尔的姐姐朱莉娅 - 贝尔特的儿子安德烈·帕拉斯被征入伍去了前线。与此同时，米西娅的健康状况每况愈下。嘉柏丽尔开始大量阅读，并且又开始唱歌。

嘉柏丽尔经常与塞尔吉·利法尔和科克托见面。她是让·马莱的战时教母[1]，让·马莱也被征入伍去了前线。他在左胸口袋里放了一个由西班牙共和党难民、加泰罗尼亚雕塑家费诺萨雕刻的科克托小铜像。费诺萨住在凡尔赛，他的收藏家和赞助人朋友马烈夫妇借给他一间当地的工作室。宣战后，他与毕加索和科克托的关系变得更加密切。科克托将费诺萨介绍给了嘉柏丽尔，两人之间有过一段短暂的恋情。

---

1 "战时教母"一词是指在第一次世界大战期间与前线士兵通信的妇女或女孩，以便在道德上、心理上甚至情感上支持他们。——译者注

旺多姆广场的丽兹酒店，1934 年起嘉柏丽尔在此定居。

德军占领时期的巴黎。1940 年 9 月，在歌
剧院广场的德国士兵。

至暗年代

在持续八个月的"假战争"结束时，即 1940 年 5 月，大
逃亡来临。巴黎像 1914 年一样变成了一座空城。嘉柏丽尔被
带到离波城不远的塞尔贝尔。在那里，她拥有一座 1926 年为
侄子安德烈·帕拉斯购买的城堡，过去她曾在那里接待过迪米
特里大公和威斯敏斯特公爵。这对她来说是一个机会，在那里
她再次见到了年迈的巴尔桑。

1940 年 6 月 22 日，法、德两国签署停战协议。嘉柏丽尔经维希回到巴黎，她发现上流社会人士正在愉快地用餐，而丽兹酒店刚刚被征用。一位德国将军注意到嘉柏丽尔放在走廊上的行李箱，并确认她是"做衣服且卖香水的嘉柏丽尔·香奈儿"。他被打动了，允许她住在酒店里。然而，嘉柏丽尔还是放弃了她的套房，选择躲到阁楼，那里有两个小房间和浴室，可以俯瞰康朋街。丽兹酒店的老板兼创始人凯撒·丽兹是她的同层邻居，这座宫殿式酒店的一个出口直接通向康朋街，使得她能低调地进出。

战争期间，巴黎不再主宰国际市场。由于新闻界的出版活动暂停，外国设计师们纷纷离开：艾尔莎·夏帕瑞丽和梅因博彻去了美国，莫利纽克斯和克里德回到了伦敦……尽管如此，巴黎高级时装公会的主席吕西昂·勒隆成功阻止了德国当局按照希特勒的意愿将巴黎的裁缝、时装店和其他劳动力转移到柏林。那时人们一致认为，高级时装是为得到纳粹认可的法、德两国客户群服务的。在战争的四年中，约有 2 万张特别分配卡发放给了富有的法国女性、合作者、德国军官的妻子和情人。

战前的嘉柏丽尔，身穿
海魂衫、长裤和渔夫鞋，
在她的拉保萨别墅的花
园里。

香奈儿 COCO CHANEL
une icône

大约100家时装店仍然开放，包括芭甘、浪凡、沃斯、皮埃尔·巴尔曼、马赛尔·罗莎、尼娜·里奇、吕西昂·勒隆、雅克·法斯等。格雷斯夫人大胆使用法国国旗的颜色设计了一个系列，因此她的时装店立即被关闭，直到战后才重新开业。

1941年，嘉柏丽尔与一位比她小13岁的德国外交官汉斯·冈瑟·冯·丁克拉格（人们叫他"斯帕兹"，意为"麻雀"）展开了一段隐秘的爱情。他们往来于拉保萨、洛桑和康朋街的公寓之间。她在战前就认识他了，他们相识于当时两人都经常出入的社交圈。丁克拉格的母亲是英国人，父亲是德国人，他说流利的法语，在巴黎接受戈林[1]的间接命令。嘉柏丽尔的侄子安德烈·帕拉斯在德国被囚禁，经过丁克拉格的朋友——法国纺织业负责人泰奥多尔·莫姆的交涉，安德烈最终获释。从1941年起，丁克拉格变得更加低调，他意识到纳粹指挥部能轻而易举地将那些招人口舌的外交士兵送到俄国前线去。

对嘉柏丽尔来说，巴黎解放时的事件引发了诸多问题。1944年9月，得益于丘吉尔和威斯敏斯特公爵的支持，她得

1　纳粹德国的政军领袖。——译者注

以逃脱指控。她的指控者们不得不承认，英国情报局在整个战争期间都认为她是一个可靠的人。这种看法持续到 1971 年，当时西奥多尔·莫姆揭露了"时尚帽子计划"（德语名称为"Modelhuten"）的存在，嘉柏丽尔以自己的方式参与了这一计划：为了结束战争，她在 1943 年试图在马德里会见丘吉尔，想要说服他接受英德秘密会谈的原则，以便进行单独的和平谈判。尽管这次任务最终失败，她动用了所有关系，包括与丘吉尔及占领者[2]之间的联系。

巴黎于 1944 年 8 月 25 日获得解放。1945 年 5 月 8 日，盟军最终赢得了对纳粹的战争，标志着欧洲战场所有战斗的结束，也是第二次世界大战在欧洲的终结[3]。战后，沉寂与空虚包围着嘉柏丽尔，那是一个充满猜疑和清算的时代。1945 年 9 月 4 日，一份从抵抗运动中诞生的报纸《国民阵线日报》公布了一份被列入黑名单的艺术家名单，其中包括安德烈·德兰、弗拉明克、阿里斯蒂德·马约尔、阿莱蒂、皮埃尔·弗雷奈、塞尔吉·利法尔、伊迪丝·皮亚芙和蒂诺·罗西。面对饱受折

2　指德军。——译者注

3　原文如此，这里仅从欧洲视角来说，而不是指世界范围内，第二次世界大战实际结束于 1945 年 9 月 2 日。——译者注

香奈儿　COCO CHANEL
une icône

磨的战后巴黎，嘉柏丽尔选择了逃离，随后开始了长时间的休息。她在瑞士定居，住在勒芒湖畔安静的大酒店里，有时丁克拉格也会与她一同居住。在此期间，她还会在拉保萨别墅、伦敦和威尼斯之间旅行，以寻求平静与慰藉。

嘉柏丽尔很漂亮，她甚至
比"漂亮"还漂亮，她看
起来像一幅戈雅的画。

—— 嘉柏丽尔·多尔兹亚

由鲍里斯·科普尼茨基拍摄的
嘉柏丽尔，1936 年。

巴黎刚刚解放，美国士兵们等待香奈儿精品店开门以购买 5 号香水。

1946 年

我，嘉柏丽尔

战前的社交生活在巴黎已成为过去，沙龙文化已经消失。现在，让 - 保罗·萨特、西蒙娜·德·波伏瓦和阿尔贝尔·加缪[1] 站在了文化舞台的前沿，他们在花神咖啡馆和双叟咖啡馆聚集讨论。朱丽叶特·格莱科[2] 和鲍里斯·维昂则在圣日耳曼德佩的地下室里唱歌，人们在那里跳舞到天亮。康朋街香奈儿精品店前，美国士兵们每天排起长队，只为给他们的妻子或女朋友买一瓶香奈儿 5 号香水。

1　即阿尔贝·加缪，法文原名为 "Albert Camus"，法国作家、哲学家，主要作品有《局外人》《鼠疫》等，1957 年获诺贝尔文学奖。——译者注

2　也译作朱丽特·格蕾科，法文原名为 "Juliette Gréco"，法国传奇女歌手演员。——译者注

香奈儿 COCO CHANEL
une icône

香奈儿时装店橱窗里的一个装饰模型，正如"疯狂年代"的生活剧场。

20 世纪 30 年代末，圣莫里茨的一个露天咖啡座。

　　1946 年，布料短缺的情况最为严重。为了重振巴黎式奢华，巴黎高级时装公会组织了一个时尚剧院，通过巡回展览展示巴黎时尚。这个剧院使用 70 厘米高的玩偶身着高级时装，并佩戴珠宝和其他配饰，在由科克托、贝拉尔和鲍里斯·科赫诺设计的装饰背景下作出一系列的动作进行展示。

　　在这一背景下，已经非常富有的嘉柏丽尔将成为世界上最富有的女性之一。

　　1947 年，她去纽约见了皮埃尔·韦特海默。韦特海默在 1940 年法国溃败后离开了法国，并在美国创立了香奈儿香水的美国分公司。即使在战争期间，在大西洋彼岸，这些香水的销售情况依然令人惊叹。嘉柏丽尔是来就她的版税和新合同进行严正交涉的，最终她赢了。

在瑞士，嘉柏丽尔在她最喜欢的日常散步路线之一上买了一栋房子，从那里可以看到湖和阿尔卑斯山。每天，她都会走上几英里[3]的路，一些朋友会来拜访她。这时，她萌生了找人写回忆录的想法："不被遗忘"可以帮助销售香水。起初她想到了勒韦迪，但觉得他太了解自己了。接着她想到了保罗·莫朗，在圣莫里茨的漫长夜晚里，他已经记录了一些内容，在那里她说了不少事情——这些被遗忘的现场笔记在 30 年后重新出现在《香奈儿风度》[4]中，这是莫朗的最后一本书。夏天，在威尼斯遇见嘉柏丽尔的路易丝·德·维尔莫兰写了 80 页稿子，嘉柏丽尔在 1948 年 2 月带着这些书稿去了纽约，但出版商们并不感兴趣。几年后，作家米歇尔·德昂销毁了被嘉柏丽尔拒绝的 300 多页书稿。再后来，埃德蒙德·查尔斯 - 鲁对嘉柏丽尔进行了大规模调查，他的文章《非同寻常的或香奈儿的路》和《香奈儿时代》在嘉柏丽尔去世后发表。

然而，在那些年里，舆论更多地集中在设计师克里斯汀·迪奥身上。当嘉柏丽尔看到他第一批作品带来的反响时，她感到非常生气。在她看来，这些都是她在 20 世纪 20 年代

3　1 英里 ≈ 1.61 千米。——译者注

4　法文原名为 "L'Allure Chanel"，也译《香奈儿的态度》。——译者注

就已经抛弃的设计风格。她嘲讽道:"迪奥不是为女性提供服装,而是将她们包裹起来了!"

在那些著名的设计师中,唯一得到她青睐的是1937年来巴黎的西班牙人克里斯托瓦尔·巴伦西亚加。他与嘉柏丽尔一样,以一种绝对现代的精神工作。尽管他们的设计风格截然不同,但他们对严谨和精致的偏好是一致的。两人经常见面,一起散步,巴伦西亚加也常去苏黎世见嘉柏丽尔。他们的友谊持续了很长时间,但最终还是闹翻了。

1950年,几乎失明的米西娅刚刚在巴黎去世,威斯敏斯特公爵也在1953年于英国离世。嘉柏丽尔已经70岁了,她决定卖掉拉保萨别墅,在此之前,她曾在那里与科克托、塞尔吉·利法尔或米歇尔·德昂一起度过许多夏天,现在她感到似乎有太多魂魄漂浮在这所别墅里,令她无法继续待下去。

她的优雅,即使对一个外行人来说,也是耀眼的。她用一件毛衣和十串珍珠彻底改变了时尚。

——克里斯汀·迪奥谈及嘉柏丽尔

在巴黎,马赛尔·罗莎关闭了他的时装店,卡洛姐妹也是如此。时尚界的一个新时代正在形成。富有远见的 *ELLE* 杂志创建了一个名为"成衣"的新栏目。尽管当时还没有时装设计

克里斯汀·迪奥

　　这位年轻的服装设计师在 1947 年引起了一场真正的革命。"迪奥刚刚发明了新风尚！"纽约 *Harper's Bazaar* 的主编卡梅尔·斯诺在看到他的第一个系列后宣布。20 世纪 40 年代的时尚就此结束，在那五年间面料的短缺迫使大多数女性在穿衣方面奉行实用主义，以此来节省衣料票，并利用所有的想象力来保持女性魅力。克里斯汀·迪奥拉长了半裙和连衣裙的下摆，使它们突然发生了 180° 的转变，几乎长到了地面。他用束带和鲸须束紧女性腰部，强调胸部曲线并修饰了肩部线条。

克里斯汀·迪奥于 1947 年推出的"酒吧"套装体现出新风尚精神。

1954 年，迷恋香奈儿 5 号香水的玛丽莲·梦露只"穿"它入睡。

香奈儿 COCO CHANEL
une icône

师这个职业，《您的美丽》杂志的前编辑德尼丝·法约尔还是创立了 Prisunic 百货商店的设计部门，她坚信有可能"以低成本生产美丽的东西"，并致力于让 Prisunic 百货商店出售的全部产品都经过精心设计和加工，从塑料袋到油瓶都是如此。

这不正是嘉柏丽尔再次前进并重返时尚界的时机吗？

希望在法国和美国重振旗鼓的香奈儿香水公司老板皮埃尔·韦特海默和 Harper's Bazaar 的记者卡梅尔·斯诺都鼓励嘉柏丽尔重新开放康朋街的工坊。嘉柏丽尔四处招聘，找到并雇用了工坊负责人和从前的女工，她们都同意回来。楼上的工坊再次像蜂巢一样嗡嗡作响。在三楼的旋转楼梯上方，有一扇小门上写着"小姐的私人空间"。

与此同时，在美国洛杉矶，玛丽莲·梦露无意间投放了一个媒体炸弹。她面带微笑，承认自己只"穿"几滴香奈儿 5 号香水入睡。皮埃尔·韦特海默并未预料到这会产生如此大的媒体影响。

"艺术创作只有在遇到困难时才会获得质量。"亨利·马蒂斯（他于 1954 年在尼斯去世，享年 85 岁）的这句话用来形容嘉柏丽尔正合适。此时，嘉柏丽尔还不知道自己要为重返舞台付出什么代价。

还有话要说！

　　1954 年，嘉柏丽尔此时 71 岁，她几乎已经被人们遗忘了。许多时装店不复存在，几个年轻的首席设计师很快占据了市场的中心位置。香奈儿的回归一开始是失败的，嘉柏丽尔已经跟潮流脱节了，但那是因为世人还不了解她。她继续孜孜不倦地完善自己的香奈儿套装，用白色的山茶花装饰，用金链完善菱格绗缝手袋并完善黑头后系带凉鞋，用发带束发……从 1957 年开始，香奈儿套装受到大众的一致认可，直到迷你裙的出现。岁月流逝，时尚也在更迭，但香奈儿风格永存。

小姐归来

1953 年在巴黎，嘉柏丽尔在离开 15 年后准备重新经营她的时装店。
她站在康朋街的台阶上，罗伯特·杜瓦诺拍摄了这张照片。

"今天凌晨三点，一个女人刚刚冻死在塞巴斯托波尔大道的人行道上，她手里攥着前天被驱逐出境的文件……"1954年冬天，法国经历了一场前所未有的寒流。皮埃尔神父通过卢森堡广播电台发出了团结互助的呼吁，全国性的金钱与衣物募捐活动随之展开。

与此同时，在康朋街，沙龙的吊灯再次亮起。2月5日，嘉柏丽尔的前客人和国际媒体见证了她的回归及春季系列发布。她依然忠实于米色或海军蓝泽西针织衫、薄绸和蕾丝面料，并探索采用新材料制作鸡尾酒裙，如黑白条纹或素色的海军蓝植绒尼龙。所有人都期待找到一种优雅的理念，这种理念一直与嘉柏丽尔的名字紧密相连，在 1939 年关闭时装店以前就是如此。

然而，如同当时的寒冷天气一样，该系列受到了冷遇，发布会现场寂静无声，连一只苍蝇飞过的声音都听得见。为了不错过任何细节，嘉柏丽尔站在楼梯最高处向下观察。从周围人的犹豫中她已经明白，这次并未征服观众，这是一次失败。她踮起脚尖，退回到自己的公寓里。

对这次发布会，巴黎的评论家们整体上持批评态度，伦敦的态度则模糊不清。字里行间，嘉柏丽尔的设计风格被认为仍然停留在 20 世纪 30 年代。唯有美国的杂志对她是热情的。科克托赶来拯救嘉柏丽尔，在《女性》杂志上发表了一篇题为《香奈儿小姐的回归》的文章，这篇文章立即被翻译成英文并在美国媒体上传播开来。

不久之后，当艾尔莎·夏帕瑞丽永久关闭她的时装店时，嘉柏丽尔决定将香奈儿卖给皮埃尔·韦特海默，希望在控制损失的同时继续领导品牌。这样，她就可以全身心地投入到系列设计中。

去掉这些烦琐的东西，简化，露出颈部、放松腰部……一条裙子必须穿在髋骨的位置上。加长胸围，给背部一些空间；必须能够在口袋里放一块手帕、一个打火机或一张纸，以便记下一个地址或电话号码。没有什么是无用的，一切都有其作用。

—— 嘉柏丽尔·香奈儿

　　8月，科莱特去世了。一个月后，在巴黎塞纳河的左岸，一个非常年轻的女人在利普酒馆前停下了她飞驰的红色汽车：她就是弗朗索瓦丝·萨冈，刚刚凭借小说《你好，忧愁》征服了巴黎。

　　倔强的嘉柏丽尔专注于提升西装的柔软度，不断对其加工和改良，并坚信自己的方向是正确的。在康朋街的工作室里，她把自己锁起来，那里有一面大镜子和一张扶手椅。她将所有的织物样品摊开放在桌子上。每天下午五六点左右，嘉柏丽尔会召集工作室负责人，然后讨论决定一块泽西针织面料、一块花呢或一块丝绸的命运："这是做两件套（西装）的，这是做衬衫的，这是做裙子的……"然后每个人回到各自的工坊制作原型，而嘉柏丽尔并不提供任何草图或进一步解释，一切都在持久的竞争中由他们自己去猜测，甚至去发明。带着一丝近乎严苛的要求，嘉柏丽尔把他们推向了极限，以达到她的完美标准。第二天，他们会带着各自制作的原型回来。她对这些原型进行系统的评判、拆解、切割、重新裁剪，这是她将款式变成自己独特设计的方式。

嘉柏丽尔从不使用"西装"这个词，觉得它过于男性化。相反，她称之为由半身裙和小外套组成的两件套。在她的指导下，"小香风"（它在工坊里被这样称呼）经过近两年的时间逐渐成形。嘉柏丽尔赋予了它完全的现代性。基于两件套的设计，她增加了一个黑色、米色或海军蓝的绗缝皮包和后系带双色鞋作为配饰，并对此持续改进。她继续发明和改造拜占庭风格的多色珠宝款式，在美国顾客中获得了巨大的成功，很快也在欧洲女性中流行开来。

1962 年 2 月，在康朋街，模特穿着香奈儿亮白色羊毛午后套装。楼梯的台阶上铺有棉麻布防滑。

1957 年 2 月，嘉柏丽尔在达拉斯获得了百货公司连锁店老板斯坦利·马库斯颁发的尼曼·马库斯奖，被授予"20 世纪最有影响力的设计师"的称号。

香奈儿服装及配饰

嘉柏丽尔不喜欢多余或不必要的东西，她的衣服和配饰始终强调实用性和简洁性。早在 1924 年，她就重新设计了项链、吊坠、手镯、耳环、十字胸针和金纽扣，确保这些配饰既不过于花哨，也为搭配西装的装饰品找到了平衡点，并使它们看起来相当自然。嘉柏丽尔乐于巧妙地将她的时装珠宝与奢华珠宝混搭。

1957 年，米色后系带凉鞋问世。为什么选择米色呢？因为这种颜色能自然地拉长腿部线条。这款凉

鞋在秋冬季节采用黑色鞋头，一到春天则变为海军蓝鞋头，而适合夜间穿着的版本则是金色或银色鞋头。嘉柏丽尔与马萨罗的制鞋师合作，开发了一种弹性系带，使得鞋子可以方便地脱下和穿上。同年，她在一款绗缝手袋上添加了一条可调节长度的金链，让手袋既可以肩背也可以手挎。

1958 年 8 月，嘉柏丽尔最喜欢的模特玛丽 - 埃莱娜·阿尔诺身穿一件带毛领的织锦丝绸晚礼服。

玛丽 - 埃莱娜 · 阿尔诺身穿一件带皮草装饰的泽西针织大衣裙。

嘉柏丽尔裁剪前不画设计图，她直接在模特身上披上布料，她为女性制作套装并对她们了如指掌，因为她的第一个模特就是她自己。相反，伊夫·圣·罗兰是一个窥视者，他为女性画设计图，她们首先以图形的方式在一个理想状态中被持续展现。

—— 洛朗丝·贝那伊姆（《伊夫·圣·罗兰》，格拉塞出版社，1993 年）

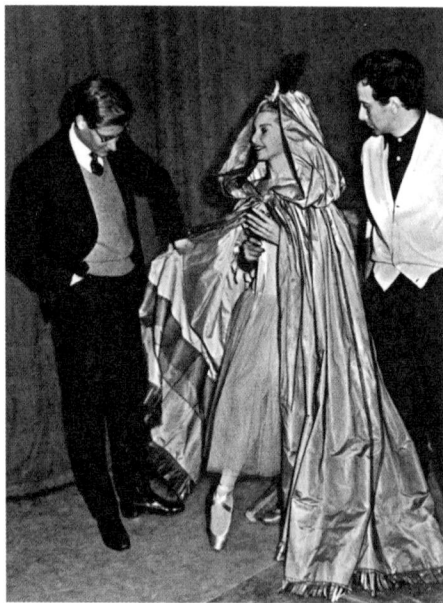

1959 年 11 月，伊夫·圣·罗兰与舞蹈家科莱特·马尔尚、巴黎芭蕾舞团的舞蹈家兼编舞罗兰·佩蒂在一起。

伊夫·圣·罗兰

1961 年，伊夫·圣·罗兰与皮埃尔·贝尔热一起创立了时装店。伊夫·圣·罗兰当时只有 25 岁，但很快就确立了自己与嘉柏丽尔、巴伦西亚加并驾齐驱的伟大服装设计师的地位。1962 年，他推出了第一个系列，并迅速将日常和功能性服装纳入设计中，如风衣、狩猎夹克、灯笼短裤和吸烟装，这些作品很快成为他的经典之作。

1965 年，它以画家蒙德里安的作品为灵感，创作了由厚丝绸制成的直筒裙，第二年，他的第一家伊夫·圣·罗兰左岸精品店开业，提供价格较低的设计师服装，满足了更多顾客的经济需求。

伊夫·圣·罗兰对香奈儿小姐的钦佩和迷恋交织在一起。他对她的设计技术充满好奇，渴望了解关于她的一切。

伊夫·圣·罗兰和齐齐·让迈尔在为《卡门》试装时被罗伯特·杜瓦诺拍下，1959 年。

除了优雅，还是优雅……

1954 年，香奈儿小姐身着针织套装和白色衬衫，在她位于康朋街的工作室。

嘉柏丽尔是一个奇迹。她了解她的时代。她创造了她那个时代的女性形象。

—— 伊夫·圣·罗兰

　　1958 年 10 月，克里斯汀·迪奥突然去世。同年，高级时装公会创立了"高级成衣公会"，旨在维护和协调高级成衣业务。这个联盟汇集了卡纷、格雷斯、玛德莱娜·德·洛熙、尼娜·里奇、玛姬·鲁夫、浪凡、让·德塞、雅克·格里夫、雅克·海姆和盖伊·拉罗什等品牌。然而，香奈儿品牌并未加入其中。就在那一年的 1 月，年轻的伊夫·圣·罗兰为迪奥品牌设计的第一个系列在巴黎受到热烈欢迎。三年后，他离开迪奥，开启自己的独立设计师生涯，不过他对香奈儿小姐始终抱有绝对的钦佩和尊敬。

第二年，在纽约，香奈儿5号香水的瓶子被纳入纽约现代艺术博物馆设计部的永久藏品之列。20世纪60年代初，在康朋街，ORTF电视台制作的《五版头条》节目采访了嘉柏丽尔，记者皮埃尔·杜马耶习惯于采访作家，在面对香奈儿小姐时显得有些发窘。而嘉柏丽尔则以装腔作势的姿态强加了一场精心准备的表演：嘴里叼着烟，打着手势，巧妙地回避一些问题，在时尚和优雅方面摆出权威架子，对她的下一个系列守口如瓶。她告知记者，现在正在展示的款式直到最后一刻都有可能发生改变，没有什么是确定的。她顺便轻度中伤了其他设计师，但没有指名道姓。对她而言，只有优雅是最重要的，尽管她承认连自己也无法定义它。她讨厌怪诞，并为她的香奈儿两件套被如此广泛地复制而狂喜。

所有杂志都争相让她登上封面。理查德·阿维顿作为*Harper's Bazaar*的年轻明星摄影师，陪同被誉为"时尚界最后的知识分子"的时尚教母，也就是该杂志的女主编卡梅尔·斯诺参观嘉柏丽尔的系列作品。在康朋街，阿维顿拍摄了香奈儿小姐与她最喜欢的模特苏西·帕克的亲密合影。嘉柏丽尔嘴里总是叼着肯特香烟，模样调皮，脖子上挂着三串珍珠，亲昵地拥抱着微笑的苏西·帕克。她们都穿着格子粗花呢衣服，苏西·帕克穿的是双色格子的维希格纹衬里套装，而嘉柏丽尔则选择了米色山形斜纹带黑色镶边的套装，并搭配了一顶划船帽。

光辉岁月

香奈儿时装店的沙龙，1954 年。

香奈儿　COCO CHANEL
une icône

对于法国，阿尔及利亚战争刚刚结束。一年前，苏联人尤里·加加林乘坐宇宙飞船升空，成为第一个进入太空的人，这一史诗般的事件在三年后激发了皮尔·卡丹关于宇宙系列的灵感。在时尚界，涌现出其他新的人才：库雷热在曾经培养过他的巴伦西亚加的鼓励下开设了自己的时装店；伊夫·圣·罗兰、让-路易·雪莱和菲利普·韦内也创立了自己的品牌。

　　尽管成衣产业正试图在世界时尚领域确立地位，但在法国，服装仍主要由裁缝根据顾客需求定制：女性继续在裁缝店购买衣服，她们从 *ELLE*、*Marie*

Claire 或 *Marie France* 等杂志上刊登的款式中获得灵感，并让自己的裁缝复制同款。高级定制时装虽然令人生畏，但其在沙龙里和大街上的吸引力依然巨大。

79 岁的嘉柏丽尔在准备她的新系列时，始终密切关注着时尚界的动态。她走过的路不少。"一个周日，在从朗布耶回来的路上，"约翰·费尔柴尔德回忆说（他当时管理着《女装日报》，这是美国时尚专业人士的圣经）："我们正经过布洛涅森林。那一刻，我仍然记得，就像昨天一样，我看到一个绝妙的女人，一个穿着小香风套装的年轻女人，从池塘边穿过。她走得很快，昂首挺胸，直视前方。看了第二遍后，我认出了那是香奈儿小姐本人。她看起来就像一个年轻的女孩！"

一套大受欢迎的服装

在时尚界，天才就是在正确的时间做正确的事情。

—— 卡尔·拉格斐

　　香奈儿小姐更愿意称一套西装为两件套，人们可以穿着它随意走路、工作等。这套西装从正面看或从里往外看都同样出色，设计技巧和复杂的剪裁使其成为一件不可模仿的经典之作。粗花呢套装以传统工艺制作，配色和谐且独特，这是一套

香奈儿　COCO CHANEL
une icône

1958 年。

精致到极致的西装，没有多余的折边装饰。一位美国人曾对嘉
柏丽尔说："花了这么多钱在这套西装上，却不露声色！"这
套西装的边缘巧妙地以饰带镶边，这一设计是在混合织物线时
偶然发明的。完全量身定制的柔软西装，如同人的第二层皮肤
般贴合，一年四季，无论白天还是晚上都可以穿着。这是一套
优雅大方的西装，专为普通的身形而设计——一整套香奈儿，
它的名字就说明了一切！

小姐在工作

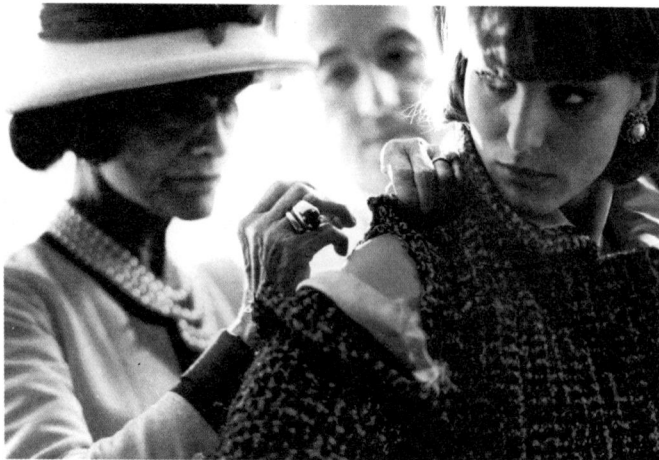

1962 年，香奈儿小姐与她的西装工坊负责人让·卡佐邦在模特身上试衣，
在工作室的道格拉斯·柯克兰拍摄了他们亲密相处的照片。

       1962 年夏天，香奈儿小姐像每年一样准备在 7 月 29 日展示她的系列。年轻的美国摄影师柯克兰受著名杂志 *Look* 派遣，来到康朋街为她做报道。他获得了罕见的特权，被允许跟随嘉柏丽尔三个星期，并拍摄了数百张照片，其中只有十几张最终公开发表。柯克兰捕捉到了嘉柏丽尔在街上和公寓里的模样，她的公寓位于沙龙上方，她喜欢在工作或时装秀后坐在台阶上放松，从著名的旋转楼梯往下注视时装秀。柯克兰还与模特、

香奈儿 **COCO CHANEL**
une icône

我试图掌握她身上所发生的事情。她给我的印象是，
她像一个雕塑家一样操控她的工具。

—— 道格拉斯·柯克兰

一日纪事，像其他任何一天一样，嘉柏丽尔依次
表现出诱人的、专断的和调皮的样子。

工作室负责人一起出席了所有试衣活动。工作人员不计算工作
时间，即使是在周六或周日也一样投入！剪刀总是挂在嘉柏丽
尔脖子上系着的丝带末端，随时准备使用。她拿着布料，演示
布料随着身体动作出现的变化，并给她的工作室负责人让·卡
佐邦下达指令。她亲自裁剪、组装，校正模特身上的袖子，而
模特连眼睛都不眨一下，甚至当香奈儿小姐把她刺伤流血时也
是如此！

189

荧幕与电影

香奈儿小姐总是喜欢扮演"皮格马利翁"的角色。通过维斯康蒂，她结识了罗密·施奈德；彼得·布鲁克则把让娜·莫罗介绍给她，而让娜·莫罗让她读到了玛格丽特·杜拉斯的作品，尽管这位女裁缝和这位女作家从未见过面。这些年轻女性照亮了香奈儿小姐的孤独日子，她鼓励她们自由地过自己的生活。她喜欢坐在位于康朋街公寓的棕色大沙发上与她们闲聊。

与她的模特们在一起时也是如此，嘉柏丽尔喜欢听她们讲述小巴黎的情况，因为自己已经很少在那里露面。她会派一些"小公主"作为密使，这些来自良好家庭的女孩在各处都受到招待，喜欢参加聚会，身着香奈儿西装感到十分自在，在卡斯特尔俱乐部跳扭扭舞。她还雇用了一些专业模特，威廉·克莱因曾在街上为 *Vogue* 拍摄这些模特。从墨尔本到东京，从伦敦

迷你裙风潮!

迷你裙于 1963 年首次出现在法国,但当时离真正流行还为时过早。两年后,在造型师玛丽·奎恩特的推动下,迷你裙在伦敦引发了热潮;从 1966 年起,尤其是在 1968 年安德烈·库雷热的助力下,它才在法国普及。尽管迷你裙引发了嘲笑和热捧,但它完美体现了新的时尚浪潮,展现了年轻人追求自由的精神。这股潮流令人震惊,也令香奈儿小姐感到惊恐:她绝不可能把自己设计的裙子下摆提高到膝盖以上,对于当时的年轻女孩对短裙的热衷,她并不在意——遗憾的是,随后连那些不那么年轻的女性也开始追随这一潮流!

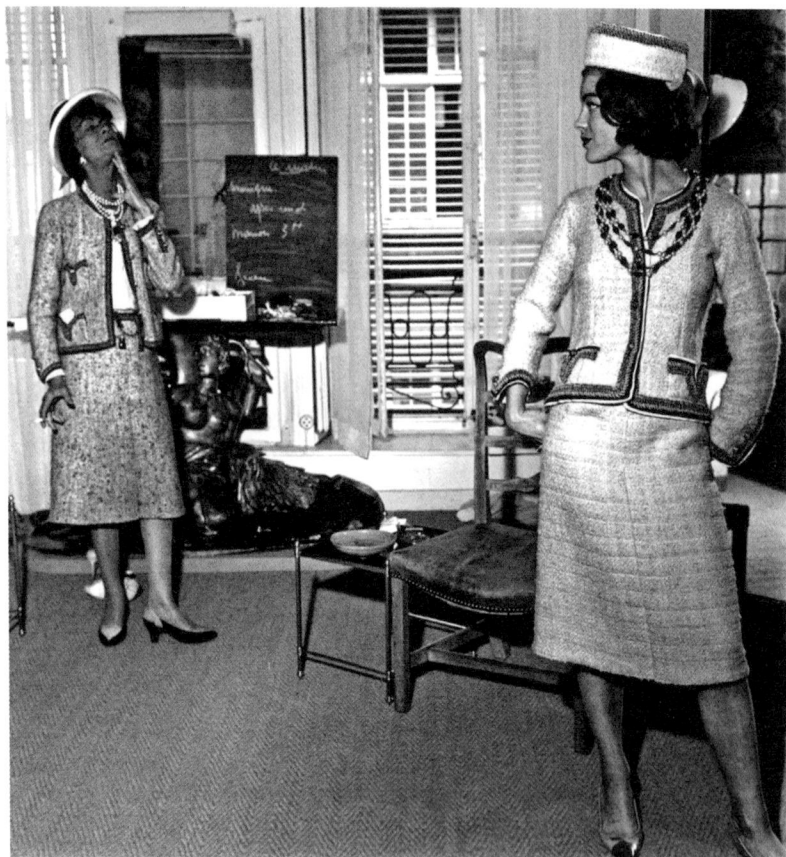

1960 年，香奈儿小姐与罗密·施奈德为小品电影《薄伽丘 70 年》试镜，维斯康蒂执导了该片的四部短片之一《工作》。这位女裁缝和这位女演员都非常喜欢对方。

到米兰，从日内瓦到纽约，全球各地的女性都穿着香奈儿或是梦想穿上它。

随着耶耶[1]热潮的到来，香奈儿小姐紧跟潮流！她甚至前往伦敦为当时如日中天的甲壳虫乐队鼓掌喝彩。然而，在国王大道上，她讨厌玛丽·奎恩特的那些迷你裙，这种裙子在巴黎也掀起了一阵热潮。

我们不能露出膝盖，它是如此"丑"！

—— 嘉柏丽尔·香奈儿

---

1 耶耶是 20 世纪 60 年代初在西欧和南欧出现的一种流行音乐风格。法语的"yé-yé"源于英语的"yeah！yeah！"，由披头士等英国节拍音乐乐队流传开来。由于法国唱作人的成功，这种音乐风格在世界范围内扩展。耶耶的大部分灵感来自英国和美国的摇滚乐，其歌曲创作的其他风格元素包括巴洛克、异国情调、流行、爵士和法国香颂。——译者注

女演员们与嘉柏丽尔

嘉柏丽尔喜欢女演员们，她的一生与剧院和电影的幕后工作密切相连。早在 1908 年，女演员艾米莉安·达朗松就率先戴上了香奈儿帽子，随后，在 1910 年，另一位女演员嘉柏丽尔·多尔兹亚使香奈儿彻底扬名。玛丽莲·梦露则以优雅的方式为香奈儿创造了无价的广告宣传。

1960 年，嘉柏丽尔与安妮·吉拉尔多。

香奈儿 COCO CHANEL
une icône

1965 年，嘉柏丽尔与让娜·莫罗在康朋街的公寓里。

在电影、节日、戏剧以及城市生活中，嘉柏丽尔为德尔芬·塞里格、阿努克·艾梅、安妮·吉拉尔多、碧姬·巴铎等人设计服装。让娜·莫罗将香奈儿西装穿得格外好看，她经常与嘉柏丽尔谈论爱情和文学，然而，嘉柏丽尔最喜欢的、真正对其有好感的是罗密·施奈德。这些年轻女性论年龄都足以当嘉柏丽尔的女儿，但她理解她们的独特个性与精神上的自由，并深知她们为之耗尽心力的职业有时会给她们的灵魂带来损害和伤痕。

嘉柏丽尔不仅倾听她们的述说，还给予建议和支持，为她们量身定制合适的服装，销售紧随其后……

1955 年，格蕾丝·凯利
身穿香奈儿。

1962 年，罗密·施奈德在电影《薄伽丘 70 年》
里身穿香奈儿套装的场景。

香奈儿 COCO CHANEL
une icône

1961 年，碧姬·巴铎在斯波莱托身穿香奈儿。

1963 年，杰奎琳·肯尼迪在达拉斯身穿香奈儿。

嘉柏丽尔和她的模特们：她为自己创建了一个家族，由外形出众、出身良好的年轻女性组成，她让她们穿着香奈儿服装去到巴黎各处。

在美学领域，大胆创新的时刻来临。作为一个时代的标志，于格·奥弗雷用法语翻唱了鲍勃·迪伦最著名的歌曲之一：《时代在变》。

波普艺术在美国崭露头角，罗伊·利希滕斯坦的大型绘画再现了漫画中的对话气泡，安迪·沃霍尔则创作了玛丽莲·梦露的丝印肖像。对色彩和塑料的崇拜在各处爆发。在巴黎的里沃利街，一面带有纳粹标志的巨大旗帜随风飘扬，街道上竖起了由栅栏和沙袋组成的路障——这是一场电影中的战争！那面纳粹旗帜是勒内·克莱蒙拍摄电影《巴黎战火》的道具，用它在屏幕上展现巴黎解放的情景。参与剧本撰写的是一位有抱负的年轻美国人，名叫弗朗西斯·福特·科波拉。这部电影群星璀璨，包括阿兰·德龙、让-保罗·贝尔蒙多、奥逊·威尔斯、让-路易·特兰蒂尼昂、柯克·道格拉斯、西蒙·西涅莱等。在这众多临时演员中，有些人后来成了著名歌手：扮演学生抵抗运动战士的米歇尔·弗甘和米歇尔·萨尔杜，以及扮演爆破主管的米歇尔·贝杰。这一年是 1966 年。

"我穿花衬衫是因为我领先了两到三个时代，哦耶！"这句话通过节目《哈喽，我的朋友们》获得了巨大成功，该节目是欧洲第一电台每天下午 5 点为年轻人播出的旗舰节目。青少年们用半导体收音机在房间里收听它。不论乐意与否，父母们让步了，忍受着安托万的"胡言乱语"，而这位年轻的长发歌手几周前还完全不为人知。在戛纳国际电影节上，克劳德·勒鲁什凭借电影《一个男人和一个女人》摘得了金棕榈奖，该片由让-路易·特兰蒂尼昂和嘉柏丽尔的朋友阿努克·艾梅主演。

这一年，第一次有一个电视节目是完全关于时尚的。由黛西·德·加拉尔制作的《叮当咚》成为20世纪60年代的标志性电视杂志。它所涉及的主题简短而多样，从时尚和美容到社会问题、文学、电影，甚至食谱。许多导演在这里起步：阿涅斯·瓦尔达、贾斯特·杰克金、彼得·纳普和其他许多人。这些主题以黑白影像的形式出现在电视荧幕上，由年轻的女演员或女歌手呈现：玛丽·拉福莱、法兰丝·盖儿、西尔维·瓦尔坦、弗朗索瓦丝·哈迪、凯瑟琳·德纳芙或罗密·施奈德。该节目的记者阵容强大，包括玛格丽特·杜拉斯、热纳维耶芙·多尔曼和克罗德·朗兹曼……

在1968年"五月风暴"发生的两个月前，嘉柏丽尔接受了雅克·夏佐为《叮当咚》做的采访。

时尚不是一门艺术，而是一种职业，
做时尚需要十分严谨才行。

—— 嘉柏丽尔·香奈儿

新闻的黄金时代

ELLE 杂志由埃莱娜·拉扎雷夫在第二次世界大战结束后于巴黎创立，并在 20 世纪 60 年代初一鸣惊人。埃莱娜非常欣赏嘉柏丽尔，并且自己也喜欢穿着香奈儿的衣服。嘉柏丽尔乐于听取她的建议，经常受邀到她家中共进晚餐。

埃莱娜的丈夫皮埃尔·拉扎雷夫则创立了《法兰西晚报》，这是一份每日发行 8 版、发行量超过 100 万份的日报。

1963 年 11 月 23 日，星期六，《法兰西晚报》的读者通过头版得知约翰·菲茨杰拉德·肯尼迪总统被暗杀的消息，全国上下为之震惊。该报因报道这一重大事件而发行了 100 万份。就在前一天，1963 年 11 月 22 日上午 12 点 30 分，在美国达拉斯，李·哈维·奥斯瓦尔德对美国总统造成了致命伤害。当时，总统的妻子杰奎琳·肯尼迪试图帮助他，她的粉红色套装被染上了鲜血，那是一套香奈儿套装。

小姐紧跟时代潮流

康朋街 31 号，现在是一个传奇地址。

1968 年 5 月，香奈儿小姐所倡导的严谨被打破了。在法国，大学生和工人突然闹起了革命。1600 万名婴儿潮一代的年轻人，渴望着一场大变革。由于措手不及，戴高乐将军的政府摇摇欲坠，但局势很快得到了控制。

这场运动也波及了康朋街。85 岁的嘉柏丽尔不想重温

香奈儿白色粗花呢晚装，约 1965 年。

香奈儿苏格兰粗花呢套装，1963 年春夏系列。

1936 年的噩梦和人民阵线罢工的记忆。当时她亲自与罢工者对峙，但这次她选择让经理去处理。她与助理莉露·马尔冈待在一起，尽管如此，她还是想去看看街垒[1] 那边发生的事情。

"小姐，有些人打起来了！"莉露说。

"没关系，我和你一起去。"嘉柏丽尔回应道。

"您别开那辆凯迪拉克！"莉露担心地说。

"为什么不呢？"嘉柏丽尔反问。

人们的反应相当复杂。

当她出现在示威人群中时，一个年轻的游行示威者对她喊道："老太太，你在这里做什么？让开！"

1　法国发生革命或动乱期间，人们经常会在街道或城市空场上筑起街垒。——译者注

这种时髦，这种无与伦比的时刻，是香奈儿的关键价值所在。

——罗兰·巴特

嘉柏丽尔或许忘记了，她的西装或其仿制品已经成为很大一部分资产阶级女性的统一着装。[2]

巴伦西亚加永久地关闭了他的时装店。那个春天并不太平。

"休斯敦，这里是静海基地，'鹰'舱已着陆。"美国宇航员尼尔·阿姆斯特朗就是这样向地球人宣布他抵达月球的。和其他数百万人一样，香奈儿小姐在 1969 年 7 月 21 日通过电视几乎实时见证了这一事件。她一直在工作，并且不间断地工作。1970 年 8 月 19 日，在她 87 岁生日那天，她与亨利·罗伯特一起推出了一款新的香水——香奈儿 19 号。这款香水融合了花香、绿植与脂粉味，获得了巨大成功。

在过去三年里，每天早晨离开房间前，香奈儿小姐都会化好妆。她十分不喜欢变老。她所有的亲爱的朋友都离开了：1960 年是勒韦迪，1963 年是科克托。她喜欢被雅克·夏佐逗

2　此时香奈儿服饰已成为资产阶级的象征，而罢工者代表无产阶级，两个阶级对立，所以罢工者会对嘉柏丽尔叫嚷。——译者注

205

1954 年，在 *Vogue* 的巴黎办公室前，身着香奈儿套装的模特苏西·帕克扮演一位摄影师，她的对面是雅克·法斯的一位模特。

香奈儿 *COCO CHANEL*
une icône

乐，即使有时他也会让她感到厌烦，毕竟不是每个人都是科克托！她知道这件事。每个深夜，当她离开丽兹酒店时，她的女仆就会通知康朋街的时装店工作人员。酒店与她的时装店之间只有不到 200 米的距离。在香奈儿小姐到达康朋街之前，5 号香水已经被喷得到处都是——从时装店入口处、沙龙里到旋转楼梯上——她总是坐在那里观察客户的反应。"你好，小姐。"人们见到她时总会恭敬地说。

在香奈儿时装店，人们害怕新系列的设计阶段。那段时间，香奈儿小姐变得非常难缠且气势汹汹，仿佛永远不想停下来：她总是在不停地做并重做，直到她的小香风套装变得完美，其轻盈的框架与身体及动作完美契合，穿着它的人会立即忘记它的存在。要移动，要移动。香奈儿小姐让当天摆姿势的女性们坐下来、弯曲身体、跳三步、从椅子上下来、将自己完全"对折"。她会突然放下手中的美式香烟，冲上前去，抓起挂在脖子上的剪刀，一边低声抱怨，一边拆除、拆除，比如从服装上扯掉那只仍然妨碍活动的袖子，必须解放身体，解放身体……

晚上，工作结束后，她会拖住一些人，逮住那些妨碍她的人，现在是时候用一杯香槟来弥补白天的暴怒了。夜晚似乎永无止境。她的朋友们常常躲起来。"小姐，已经很晚了。"但她从未想过要停下来——永不停止。

香奈儿 COCO CHANEL
une icône

嘉柏丽尔消逝，香奈儿永存

1971 年刚刚开始。在前一天晚上，也就是周六，康朋街工作室里的工作持续到很晚，下一个夏季系列还远远没有准备好。香奈儿小姐不喜欢周日。尽管是冬天，但那个周日的天气很好，她决定去隆尚赛马场观看比赛。回来的路上，透过她的凯迪拉克车窗，她再次欣赏着黄昏下的巴黎。傍晚时分，她病倒了，并于 1 月 10 日星期日在丽兹酒店的房间里去世，享年 87 岁。

那一年春天，她的朋友伊戈尔·斯特拉文斯基也在纽约去世。与此同时，维斯康蒂的新片《魂断威尼斯》正在巴黎的电影院上映。

嘉柏丽尔，摄于她 1968 年 9 月的系列发布会结束时。

嘉柏丽尔在百老汇！

美国人喜欢名人和不寻常的人物，好莱坞经常抓住这种心态，将这些人搬上银幕。

1970年，纽约百老汇这座音乐剧的殿堂迷恋上了嘉柏丽尔。凯瑟琳·赫本被选中在弗雷德里克·布里森导演的作品中扮演这位传奇设计师。英国著名摄影师塞西尔·比顿是嘉柏丽尔的老朋友，被委托设计布景和戏服。当被问及"为什么不是由您来设计服装"时，嘉柏丽尔回答："那不是我的职业，而且如果由我来做戏服的设计，谁来做服装系列的设计呢？"事实上，她可能不太喜欢由凯瑟琳·赫本来扮演自己，也没有参加首映式。纽约的评论家们对这位女演员的表现并不买账，认为她未能成功演绎香奈儿小姐这一角色。该表演最终以失败告终。

作为最后的补救手段，制片人找来了一位法国女演员。达妮埃尔·达里厄同意代替凯瑟琳·赫本工作几周，并成功地赢得了美国媒体的好评，要知道这些媒体可是以毒舌著称的。

她比所有人都活得长。

—— 卡尔·拉格斐

参考书目
BIBLIOGRAPHIE

MONOGRAPHIES

ASSOULINE Pierre, *Cartier-Bresson. L'œil du siècle*, Paris, Plon, 1999, réédition Paris, Gallimard, 2001.

AVEDON Richard, *Les Sixties*, Paris, Plume, 1999.

BARTHES Roland, *Système de la mode*, Paris, Éditions du Seuil, 1967.

BEATON Cecil, *The Glass of Fashion*, Cassell, 1989.

BEATON Cecil, *Cecil Beaton. Cinquante ans d'élégances et d'art de vivre*, traduction de *The Glass of Fashion*, Paris, Amiot-Dumont, 1955.

BENAÏM Laurence, *Yves Saint Laurent*, Paris, Grasset, 1993.

BENAÏM Laurence, *Marie Laure de Noailles. La vicomtesse du bizarre*, Paris, Grasset, 2001.

BOTHOREL Jean, *Louise ou la Vie de Louise de Vilmorin*, Paris, Grasset, 1993.

CAPOTE Truman, *Un plaisir trop bref. Lettres*, Paris, 10-18, 2007.

CARADEC François, WEILL Alain, *Le Café-concert*, Paris, Hachette/Massin, 1980.

CARTIER-BRESSON Henri, NOURRISSIER François, *Vive la France*, Paris, Sélection du Reader's Digest, 1970.

CASSATI Sandro, *Coco Chanel. Pour l'amour des femmes*, Grainville, City éditions, 2009.

CAWTHORNE Nigel, *Le New Look. La révolution Dior*, Paris, Celiv, 1997.

CHARLES-ROUX Edmonde, *L'Irrégulière ou mon itinéraire Chanel*, Paris, Grasset, 1974.

CHARLES-ROUX Edmonde, *Le Temps Chanel*, Paris, Éditions de La Martinière, 2004.

COLETTE, *Lettres à sa fille. 1916 1953*, Paris, Gallimard, 2003.

COLETTE, *Prisons et Paradis*, Paris, Ferenezi, 1935, réédition Paris, Le Livre de poche,1989.

COLLECTIF, *L'École de Paris 1904-1929. La part de l'autre*, Paris, musée d'Art moderne de la Ville de Paris, 2000.

DELASSEIN Sophie, *Les Dimanches de Louveciennes chez Hélène et Pierre Lazareff*, Paris, Grasset, 2009.

DEGUNST Sylvaine, *Coco Chanel. Citations*, Paris, Éditions du Huitième Jour, 2008.

DELAY Claude, *Chanel solitaire*, Paris, Gallimard, 1983.

DÉON Michel, *Bagages pour Vancouver*, Paris, La Table Ronde,1985.

DOISNEAU Robert, *À l'imparfait de l'objectif. Souvenirs et portraits*, Paris, Belfond, 1989.

DORLÉANS Francis, *Snob Society*, Paris, Flammarion, 2009.

DURAS Marguerite, *Outside. Papiers d'un jour*, Paris, P.O.L., 1984.

ÉPARVIER Jean, *À Paris, sous la botte des nazis*, Paris, Raymond Schall, 1944.

FAIRCHILD John, *Chic Savages*, New York, Simon & Schuster, 1989, réédition New York, Pocket Books, 1991.

FAIRCHILD John, *The Fashionable Savages*, New York, Doubleday, 1965, réédition New York, Pocket Books, 1991.

FENOSA Nicole, TILLIER Bertrand, *Apel les Fenosa. Catalogue raisonné de l'œuvre sculpté*, Barcelone, Poligrafa, 2002.

FERRIER Jean-Louis, *L'Aventure de l'art au xxᵉ siècle*, Paris, Éditions du Chêne, 1995.

FIEMEYER Isabelle, *Coco Chanel. Un parfum de mystère*, Paris, Payot, 1999.

FLOCH Jean-Marie, *L'Indémodable total look de Chanel*, Paris, Institut français de la mode/Éditions du Regard, 2004.

FRANCK Dan, *Les Aventuriers de l'art moderne (1900-1930). Bohèmes*, Paris, Calmann-Lévy, 1998.

GIDEL Henry, *Coco Chanel*, Paris, Flammarion, 1999.

GIROUD Françoise, *Profession journaliste. Conversations avec Martine de Rabaudy*, Paris, Hachette littératures, 2001, réédition Paris, Le Livre de poche, 2003.

GOLBIN Pamela, *Balenciaga Paris*, Paris, Thames & Hudson/Les Arts décoratifs, 2006.

GRUMBACH Didier, *Histoires de la mode*, Paris, Éditions du Seuil, 1993, réédition Paris, Éditions du Regard, 2008.

GUILBERT Laure, MANNONI Gérard, *Serge Lifar à l'Opéra*, Paris, Éditions de La Martinière/Opéra national de Paris, 2006.

GUILLAUME Valérie, *Europe 1910-1939. Quand l'art habillait le vêtement*, exposition du musée de la Mode et du Costume, Paris, Paris-musées, 1997.

HAEDRICH Marcel, *Coco Chanel*, Paris, Belfond, 1987.

KIRKLAND Douglas, LAGERFELD Karl, *Mademoiselle. Coco Chanel, Summer 62*, Göttingen, Steidl, 2009.

LAMBRON Marc, *L'Œil du silence*, Paris, Flammarion, 1993.

LELAIT-HELO David, *Romy au fil de la vie*, Payot & Rivages, coll. « petite bibliothèque Payot », 2003.

LEYMARIE Jean, *Chanel*, Genève, Skira, 1987.

LEYMARIE Jean, *Fenosa*, Genève, Skira, 1993.

LIAUT Jean-Noël, *Madeleine Castaing. Mécène à Montparnasse, décoratrice à Saint-Germain-des-Prés*, Paris, Payot, 2008.

MADSEN Axel, *Chanel. A Woman of her Own*, New York, Henry Holt & Compagny, 1990.

MARCOU Lilly, *Elsa Triolet. Les yeux et la mémoire*, Paris, Plon, 1994.

MARQUAND Lilou, *Chanel m'a dit...*, Paris, Jean-Claude Lattès, 1990.

MAURIÈS Patrick, *Les Bijoux de Chanel*, Paris, Thames & Hudson,1993.

MENDES Valérie, DE LA HAYE Amy, *La Mode au xxᵉ siècle*, Paris, Thames & Hudson, 2000.

MITFORD Nancy, *Une Anglaise à Paris. Chroniques*, Paris, Payot, 2008.

MORAND Paul, *L'Allure de Chanel*, Paris, Hermann, 1976, réédition Paris, Gallimard, coll. « folio », 2009.

MULVANEY Jay, *Jackie. The Clothes of Camelot*, New York, St. Martin's Griffin Edition, 2002.

PAVANS Jean, *Marlene Dietrich*, Paris, Gallimard, 2007.

POCHNA Marie-France, *Christian Dior*, Paris, Flammarion, 1994.

POMPIDOU Claude, *L'Élan du cœur. Propos et souvenirs*, Paris, Plon, 1997.

RAY Man, *Man Ray. Autoportrait*, Paris, Seghers, 1964.

REMAURY Bruno, *Dictionnaire de la mode au xxᵉ siècle*, Paris, Éditions du Regard, 1994.

RENOIR Jean, *Ma vie et mes films*, Paris, Flammarion, 1974.

ROWLANDS Penelope, *A Dash of Daring. Carmel Snow and her Life in Fashion, Art, and Letters*, New York, Atria books, 2007.

RZEWUSKI Alex-Ceslas, *La Double Tragédie de Misia Sert*, Paris, Éditions du Cerf, 2006.

SAMET Janie, *Chère haute couture*, Paris, Plon, 2006.

SCHIFANO Laurence, *Visconti. Une vie exposée*, édition augmentée, Paris, Gallimard, coll. « folio », 2009.

SCHLATTER Chritian, *Les Années 80. La création en France*, Paris, Flammarion, 1984.

STÉPHANE Roger, *Jean Cocteau. Entretien avec Roger Stéphane*, Paris/Nancy, RTF/Tallandier, 1964.

SOMMERS Susan, *French Chic. How to Dress Like a Frenchwoman*, New York, Villard Books, 1988.

TAPERT Annette, *The Power of Style. The Women who Defined the Art of Living Well*, New York, Crown, 1994.

VILMORIN Louise de, *Mémoires de Coco*, Paris, Le Promeneur, 1999.

WEISSMAN Élisabeth, *Coco Chanel*, Paris, Maren Sell, 2007.

WALFORD Jonathan, *La Mode des années 1940. De la tenue d'alerte au « new-look »*, Lausanne, La Bibliothèque des arts, 2008.

WIAZEMSKY Anne, *Jeune fille*, Paris, Gallimard, 2006.

ARTICLES DE PRESSE

« Michel Déon raconte Chanel », propos recueillis par Pépita Dupont, *Paris Match*, 11 novembre 2008.

« Gabrielle Dorziat », propos recueillis par Françoise Tournier, *Elle*, 14 octobre 1974.

图片版权 CRÉDITS PHOTOGRAPHIQUES

本书图片已由原出版社清权，图片版权信息如下：

p. 4 : à gauche © akg-images, à droite © Hoyningen Huene/Rue des Archives/AGIP ; p. 5 : à gauche © Studio Lipnitzki/Roger-Viollet, à droite © Hulton-Deutsch Collection/Corbis ; p. 6 : © akg-images ; p. 8 : © Roger-Viollet ; p. 9 : en haut © Musée Carnavalet/Roger-Viollet, en bas © Mary Evans/Gamma ; p. 10 : à gauche © akg-images/Bildarchiv Monheim, à droite © Droits réservés ; p. 11 : © Anne Salaün/Roger-Viollet ; p. 12 : © LL/Roger-Viollet ; p. 13 : à gauche et à droite © Archives de la Ville de Moulins ; p. 15 : à gauche © Collection Kharbine-Tapabor, à droite © Musée Carnavalet/Roger-Viollet ; p. 16 : © Collection Perrin/Kharbine-Tapabor ; p. 18 : © Collection privée Lécuru ; p. 19 : © Collection privée Hérisson ; p. 20 : en haut © Maurice Branger/Roger-Viollet, en bas © Droits réservés ; p. 21 : en haut © Droits réservés, en bas © ND/Roger-Viollet ; p. 22 : © Collection Kharbine-Tapabor ; p. 23 : © BHVP/Roger-Viollet ; p. 24 : © Collection Kharbine-Tapabor ; p. 25 : à gauche © Keystone-France/Keystone/Eyedea Presse, à droite © Albert Harlingue/Roger-Viollet ; p. 26 : © Collection IM/Kharbine-Tapabor ; p. 27 : © Rue des Archives/PVDE ; p. 28-29 : Camera Press/IWM/Gamma ; p. 29 : © Collection Kharbine-Tapabor ; p. 30 : © Rue des Archives/PVDE ; p. 31 : © akg-images ; p. 32 : © Rue des Archives/PVDE ; p. 33 : © The Granger Collection NYC/Rue des Archives ; p. 34 : en haut © Keystone-France/Keystone/Eyedea Presse, en bas © Keystone-France ; p. 37 : © TopFoto/Roger-Viollet ; p. 38 : © Hoyningen Huene/Rue des Archives/AGIP ; p. 41 : © The Granger Collection NYC/Rue des Archives ; p. 42 : © Keystone France ; p. 43 : © Brigitte Moral SAIF ; p. 44 : © Henri de Beaumont/Rue des Archives/TAL ; p. 45 : © TopFoto/Roger-Viollet ; p. 46 : © Pictorial /Stills/Gamma ; p. 47 : à gauche © Collection Kharbine-Tapabor, à droite © Collection Jonas / Kharbine-Tapabor ; p. 48-49 : © Galliera/Roger-Viollet ; p. 49 : © Hoyningen Huene/Rue des Archives/AGIP ; p. 50 : © Roger-Viollet ; p. 51 : à gauche © Roger-Viollet, à droite © R. Briant et P. Ladet/Galliera/Roger-Viollet ; p. 52 : © Chanel ; p. 53 : © Rue des Archives/PVDE ; p. 54 : © Lebrecht/Rue des Archives ; p. 55 :© Collection Kharbine-Tapabor ; p. 56 : © Henri Martinie/Roger-Viollet ; p. 57 : en haut © ADAGP 2012, The Granger Collection NYC/Rue des Archives, en bas © Hulton-Deutsch Collection/Corbis ; p. 58 : © D.R. ; p. 59 : © Rue des Archives/TAL ; p. 60 : © Bettman/Corbis ; p. 61 : © Hulton-Deutsch Collection/Corbis ; p. 62 : à gauche © Keystone-France/Keystone/Eyedea Presse, à droite © Vogue Paris ; p. 63 : © Douglas Kirkland/Corbis ; p. 64 : © Lebrecht/Rue des Archives ; p. 65 : © Condé Nast Archive/Corbis ; p. 66 : © akg-images ; p. 68 : © Keystone-France/Keystone/Eyedea Presse ; p. 69 : à gauche © Keystone-France, à droite © Collection Kharbine-Tapabor ; p. 70 : © Bettman / Corbis ; p. 71 : à gauche © Albert Harlingue / Roger-Viollet, à droite © Studio Lipnitzki/Roger-Viollet ; p. 72 : © Rue des Archives/SPPS ; p. 73 :

注：图片版权信息中的页码为原书页码。

图书在版编目（CIP）数据

香奈儿 / (法) 凯瑟琳·德·蒙塔朗贝尔著 ; 张忠
妍译. -- 2版. -- 重庆 : 重庆大学出版社, 2025.8.
（万花筒）. -- ISBN 978-7-5689-5070-1

I. K835.655.7-64

中国国家版本馆CIP数据核字第2025CR3468号

香奈儿
XIANGNAI' ER

[法] 凯瑟琳·德·蒙塔朗贝尔（Catherine de Montalembert）—— 著

张忠妍——译

策划编辑：张　维
责任编辑：张　维　景　琛
责任校对：关德强
书籍设计：崔晓晋
责任印制：张　策

重庆大学出版社出版发行

社址：（401331）重庆市沙坪坝区大学城西路 21 号

网址：http://www.cqup.com.cn

印刷：天津裕同印刷有限公司

开本：850mm×1168mm　1/32　印张：7　字数：134 千
2023 年 5 月第 1 版　2025 年 8 月第 2 版　2025 年 8 月第 1 次印刷（总第 3 次印刷）
ISBN 978-7-5689-5070-1　定价：79.00 元

版贸核渝字（2022）第 103 号